Julius Evola

Rostro y máscara
del espiritualismo
contemporáneo

Julius Evola
(1898-1974)

Rostro y máscara del espiritualismo contemporáneo

Maschera e volto dello spiritualismo contemporaneo, Torino, Bocca, 1932

© Omnia Veritas Ltd - 2019

Publicado por
Omnia Veritas Ltd

www.omnia-veritas.com

Reservados todos los derechos. No se permite la reproducción total o parcial de esta obra, sin autorización previa y por escrito de los titulares del *copyright*. La infracción de dichos derechos puede constituir un delito contra la propiedad intelectual.

I 11
Lo sobrenatural en el mundo moderno 11
II 24
El espiritismo y las búsquedas psíquicas 24
III 42
Crítica al psicoanálisis 42
IV 75
Crítica del teosofismo 75
V 95
Crítica de la Antroposofía 95
VI 110
El neomisticismo: Khrisnamurti 110
VII 125
Paréntesis sobre el catolicismo esotérico y sobre el tradicionalismo integral 125
VIII 146
El primitivismo, los obsesos del superhombre 146
IX 170
El Satanismo 170
X 185
Corrientes iniciáticas y "alta magia" 185
CONCLUSIÓN 207
OTROS LIBROS 215

Este libro se dirige a todos aquellos que, interesándose en el "espiritualismo" contemporáneo, deseen actualizar el conocimiento de sus principales aspectos. Precisamente por esto nuestro punto de vista en el desarrollo de esta orientación no será absoluto como lo hemos hecho en otras obras. La defensa de la personalidad humana (tarea que debe preceder a toda verdadera aspiración "espiritualista" si no se quiere que ésta carezca de su idea primordial) será aquí el principio directivo fundamental.

Quien sepa ver y separar lo esencial de lo accesorio, podrá fácilmente reconocer que entre los dos puntos de vista no hay contradicción. Uno de ellos -el que abordamos en la presente crítica, puede hasta valer para precisar el sentido y justo lugar del segundo-, o sea de aquel que trata sobre argumentos esotéricos especializados o de afirmación del "tradicionalismo integral". Por lo demás, la secuencia de los presentes ensayos facilitará el paso natural del uno al otro.

I

Lo sobrenatural en el mundo moderno

"Es la hora propicia para los proyectos ambiguos de todo falso misticismo, que mezclan sutilmente confusiones espiritualistas con la sensualidad materialista. Las fuerzas espirituales están invadiendo todos los lugares. Ya no se puede decir que al mundo moderno le falte lo sobrenatural, puesto que se le ve aparecer bajo toda especie y variedad, y el gran mal de nuestros días no es ciertamente el materialismo ni el cientificismo, sino una espiritualidad desenfrenada; pero tampoco es fácil reconocer lo verdaderamente sobrenatural. El «misterio» lo encierra todo, se instala en las regiones del yo, arrasa el centro mismo de la razón y la expulsa de sus dominios. Están dispuestos a reintroducirlo en todas partes, excepto en el orden divino, donde reside realmente."

En este sentido tuvo ya que escribir en una obra no reciente, con valores muy diversos, el católico Henri Massis[1]; pero son estas palabras las que todavía pesan en nuestros días. De hecho, existen aún numerosos y fuertes grupos, sectas y movimientos que se dedican al estudio de lo oculto y "sobrenatural". Renovados por las agudezas de la crisis del mundo occidental, tales corrientes reúnen a numerosos

---

[1] H. MASSIS, *Défense de l'Occident*, París, 1927, pág. 245.

adeptos; por ejemplo, el espiritismo por sí solo cuenta con millones de afiliados a su secta. Doctrinas exóticas de todo género llegan hasta nosotros importadas, presentando caracteres extraordinarios y misteriosos, ejerciendo al mismo tiempo un gran atractivo. Bien se puede afirmar que todo intruso encuentra un lugar en el ámbito del "espiritualismo", como adaptaciones del yoga, variedad de una mística espuria, el "ocultismo", al margen de las logias masónicas, el neorrosacrucianismo, regresiones naturalistas y primitivas, que son en el fondo panteístas, el neognosticismo y divagaciones astrológicas, la parasicología, los médiums para los espiritistas y agrupaciones semejantes, y esto sin mencionar todo aquello que es mistificación pura. En general, basta que cualquier cosa se aparte de lo que se tiene como normal, y que presente caracteres excepcionales sobre lo oculto, lo místico o irracional, para que una gran cantidad de nuestros contemporáneos se interese apasionadamente por ello. Por último, hasta la "ciencia" ha caído en esta ambigüedad, como se puede constatar en algunas de sus ramas, tales como el sicoanálisis y "la sicología de lo profundo", donde ella ha terminado en promiscuas evocaciones en las regiones de frontera del yo y de la personalidad consciente. Se ha visto además esta paradoja: cabalmente algunos representantes de aquellas disciplinas "positivas" que, para poder justificarse y organizarse a sí mismas, se entregaron a una negación sistemática de toda visión del mundo que contenga elementos suprasensibles, precisamente ellos, en un sector aparte, condescienden hoy con frecuencia con formas primitivas de neoespiritualismo. Y entonces la reputación que su seriedad ha conseguido en los dominios de su competencia, se use exageradamente como aval para garantizar dichas formas, y se convierte en un instrumento peligroso de seducción y de propaganda: ha sido típico el caso de los físicos Crookes y Lodge en cuanto al espiritismo. De esta manera sectores muy vastos del mundo occidental están propiciando un caos espiritual que lo asemeja en una forma extraña al mundo asiático de la decadencia helénica. Ni siquiera faltan los Mesías en varias ediciones y de diferentes clases.

Pero sobre todo es necesario orientarse y ver cuáles son las causas principales del fenómeno.

Como primer rasgo notable puede señalarse un impulso general hacia la *evasión*. En este aspecto el neoespiritualismo posee sin duda alguna un índice análogo a todo aquello con lo que el hombre actual busca evadirse del mundo que lo circunda, librarse de las formas asfixiantes asumidas por la civilización y cultura del Occidente moderno, llegando por esa línea, en casos extremos, hasta el uso de drogas, explosiones anárquicas, la seudoliberación del sexo en forma masiva, expresiones oscuras y de diversa índole de compensación neurótica.

Con este criterio, se dan sin embargo motivaciones de las cuales no se puede desconocer una legitimidad parcial. De hecho los principios del neo-espiritualismo son contemporáneos a todos aquellos que sostienen una postura materialista-positivista del hombre y del mundo, en su miseria extrema y en su descorazonamiento, añadiéndoseles el racionalismo, la pretensión de la razón abstracta de publicar por bandos o de reagrupar todo aquello que pertenece a los estratos más profundos del ser y de la sique.

Al mismo tiempo es necesario hacer notar la carencia de formas de una civilización tradicional bien entendida, capaz de proyectarse en forma efectiva hacia bienes superiores. Se ha venido tratando, en el mundo occidental, sobre todo de la religión, cuyo predominio es patente; del cristianismo y del hecho de que la misma religión ha cesado de presentarse como algo viviente, de ofrecer puntos relacionados con una verdadera trascendencia, reduciéndose más bien, en el catolicismo, por una parte a una estructura inerte teológico- dogmática, por otra a un devocionalismo confesional y a una moral de carácter burgués; todo esto ha llegado a alcanzar tales proporciones que hasta se habla ya de la "muerte de Dios" y se crea la necesidad de acabar con los mitos de la religión para presentarnos el contenido válido encaminado a la práctica social (como por ejemplo en el llamado "cristianismo ateo").

Pero si la religión positiva ha decaído así en el desempeño de su función más elevada, si parece ofrecer muy poco a aquellos que, más que una "fe" o un adoctrinamiento moralista burgués y social del hombre, buscaban, aunque fuera veladamente, una *experiencia* espiritual libertadora, las máximas subversivas de las últimas ideologías para quienes el principio y el fin de hombre se encuentran en esta tierra, aduciendo como meta de sus aspiraciones una sociedad de producción y de bienestar masivo destinado, por otra parte, a transformarse en insípido y fastidioso, y a mutilaciones de la personalidad, a costa de restricciones múltiples, no podían menos que suscitar finalmente, descontento y rebeldía.

A menos que no intervengan procesos de radical degradación, en lo profundo de lo naturaleza humana subsiste la necesidad del "otra' y, en el límite, la necesidad de lo sobrenatural. Esto no puede sofocarse en todos más allá de un cierto límite. En los últimos tiempos, el torniquete se ha cerrado en vista de los factores acabados de señalar. De aquí el impulso en muchos que han creído encontrar un escape o desahogo a través de aquello que pretende ofrecer el neo-espiritualismo con carácter de novedad, con ideas que parecen dar acceso a una realidad mucho más vasta, no sólo teóricamente, sino sobre todo como experiencia espiritual vivida. El hecho de que en los últimos tiempos se haya llegado a reconocer, aunque sea sólo esporádicamente, la existencia de algo "extranormal" o sea algo fuera de lo común, como manifestación de energías, leyes y posibilidades más allá de aquellas admitidas en el período positivista precedente, ha constituido con frecuencia un factor ulterior para la orientación particular del impulso hacia la evasión el cual nos ocupamos.

Un último factor en esto no menos importante que los anteriores ha sido el conocimiento, sin las restricciones de una cultura superior especializada, de doctrinas de origen predominantemente oriental, que prometían mucho más de aquello que las religiones positivas occidentales de siempre parecían ofrecer, especialmente en sus últimas formas vacías y desvirtuadas.

Esta es, en síntesis, la coyuntura "condicional" a la que se puede atribuir la difusión del neoespiritualismo, el cual, como lo hemos ya hecho notar[2] presenta en términos generales los caracteres de aquella que Oswald Spengler ha llamado la "segunda religiosidad", que se mar, que se manifiesta no en el período luminoso y originario de una civilización orgánica, cualitativa y espiritual y en el centro de la misma, sino al margen de una civilización crepuscular y en decadencia. El mismo Spengler calificó dicho fenómeno peculiar con estas palabras, "el atardecer del Occidente"

Después de esto, es necesario determinar algunos puntos fundamentales de referencia que nos ayuden a distinguir claramente las diferentes clases del neoespiritualismo y de cualquier corriente análoga al mismo.

Con esta aclaración, debemos subrayar además que lo quenos interesa en dicho neoespiritualismo no se reduce a teoría sino que abarca las tendencias que, algunas veces, sin darse cuenta, propician conjuros de fuerzas ocultas, poniendo a individuos y grupos en contacto con ellas, cultivando así modalidades extrañas "extranormales" de la conciencia.

La cuestión está, obviamente, en que tales influencias y modalidades existan realmente así como las formas de la realidad física y de la sique ordinaria. De cualquier modo, esto es reconocido por toda civilización normal y completa, habiendo sido rechazado solamente un breve tiempo por el positivismo

---

[2] Cfr. nuestro libro *Cabalgar el Tigre*, Omnia Veritas, www.omnia-veritas.com

occidental; sin embargo, en nuestros días, se requiere algo más que un simple reconocimiento en términos sicológicos o, para ser más exactos, en términos propios del sicologismo, como sucede, por ejemplo, en el campo de la siquiatría y del sicoanálisis generalizado. Por lo que a nosotros interesa, esta "espiritualidad" se debe entender en términos ontológicos, es decir, precisamente como una realidad.

De otra manera el problema del peligro de lo "espiritual" (o del espiritualismo) y de lo "extranormal" no se soluciona o termina con el solo hecho de revestirlo de un carácter suficientemente común o vulgar. Se podría hablar de las obsesiones, de las paranoias y de las extravagancias de mentes desequilibradas y "destornilladas" de las cuales no hay por qué preocuparse más de lo debido.

Nosotros nos referimos aquí a la *personalidad* en sentido propio. El trato con lo "espiritual" y su florecimiento representan un riesgo fundamental para el hombre, pueden menoscabar su unidad interior, su propio dominio, su poder de presencia clara en sí misma, visión transparente y acción autónoma que definen precisamente la esencia de la personalidad.

En su hechura actual, la personalidad en el mundo de las cosas tangibles y cuantitativas, de los pensamientos lógicos resultados de la forma pura, de la acción eficaz y de cuanto, en general, tiene relación con los sentidos físicos y con el cerebro, se encuentra *en su casa*, sobre un sólido terreno. Por el contrario, en el mundo de lo "espiritual" la personalidad corre un riesgo constante, volviendo a un estado problemático, porque en ese mundo no existe ya ninguno de los apoyos a que estaba acostumbrada y de los que tiene necesidad, puesto que se trata de una personalidad condicionada a un cuerpo físico.

No es un caso raro que muchos de aquellos que cultivan hoy el "espiritualismo" sean hombres carentes de una personalidad definida (es significativo el gran porcentaje de las mujeres) mientras que aquellos que ostentan una personalidad fuerte y consciente se mantienen firmes respecto a las cosas "positivas", y nutren por lo suprasensible una repulsión invencible, dispuesta a crearse todo género de coartadas. Urge entender bien que tal repulsión no es otra cosa que la manifestación inconsciente de un cierto instinto de defensa espiritual. Las personalidades más débiles, en donde falta o se atenúa tal instinto, son aquellas dispuestas a acoger y cultivar imprudentemente ideas, tendencias, doctrinas y evocaciones sin querer darse cuenta del peligro que encierran.

Estas personas creen que cualquier cosa que trasciende del mundo que les rodea constituye algo extraordinario, un estado más elevado. En el momento en que surge en ellas la necesidad de "otro", o sea el impulso a la evasión, ellas mismas recurren a cualquier medio, desconociendo muchas veces que así en la órbita de *fuerzas que no son superiores, sino inferiores en el hombre como personalidad.*

Éste es el punto fundamental: ver con toda claridad aquellas situaciones en las que, a pesar de cualquier apariencia y máscara, el neoespiritualismo puede tener efectivamente un *carácter regresivo* y lo "espiritual" no ser algo "sobrenatural", sin más bien algo "infranatural"; entiéndase esto concreta y existencialmente, aparte de toda confusión y desviación doctrinal e intelectual.

Para poder tener una idea de las influencias de las cuales puede también tratarse cuando se examina esta grieta que está hacia la parte baja y no hacia la parte alta, este desconcierto que es descendente en vez de ascendente, será oportuno indicar lo que, en su vasto y completo sentido, se debe entender por "natural".

Cuando se habla hoy de lo "natural" se entiende en general el mundo físico, conocido a través de los sentidos físicos de toda persona entendida y capacitada para las ciencias exactas. En realidad éste es sólo un aspecto de lo natural, una imagen formada en relación con la personalidad humana, y aún más en una cierta fase de su desarrollo histórico, con motivo de una experiencia propia y no de otras posibles fases y formas de existencia. El hombre percibe lo natural en las formas así definidas de la realidad física porque se ha separado, se ha liberado y divorciado de ello a tal punto de sentirlo como exterior, como una especie de "negación del yo". Lo natural, en sí, no es esta aparición en el espacio; por el contrario, es atrapado ahí donde esa impresión de exterioridad se atenúa, reduciéndose correlativamente la condición de la conciencia lúcida de vigilia y sustituyendo estados en los cuales el objetivo y subjetivo, "dentro" y "fuera" se confunden. Aquí comienzan los primeros dominios de un mundo "invisible" y "síquico" que, por ser tales, no dejan de ser "naturales"; más aún, son eminentemente "naturales" y de ninguna manera "sobrenaturales".

Con la investigación objetiva y científica sobre la materia y la energía del hombre, hallamos que en el fondo se mueve en una especie de círculo mágico creado por sí mismo. Sale de tal medio y logra lo natural sólo quien retrocede de la conciencia personal perfeccionada con la subconciencia a lo largo del camino que comienza con las oscuras sensaciones orgánicas con el surgir de complejos y de automatismos síquicos hacia el estado libre, es decir, desvinculados de los controles cerebrales, y que después se desarrolla descendiendo a lo profundo de la subconciencia física.

Algunas investigaciones recientes han proporcionado elementos para determinar este proceso de regresión aun desde un punto de vista positivo. Con anestesias locales provocadas experimentalmente se ha procedido a estudiar lo que sucede en las funciones síquicas cuando son neutralizados progresivamente los estratos de la corteza cerebral, desde los más externos y recientes hasta los más internos y antiguos, eliminando totalmente la acción del cerebro y pasando al sistema simpático, que se ha mostrado ligado todavía a ciertas formas de conciencia.

Los primeros en desaparecer entonces son los conceptos de espacio, tiempo y causalidad, es decir, los juicios sobre los que se apoya la experiencia de vigilia de la naturaleza y la unión lógica de los pensamientos en la personalidad consciente. Por lo que respecta a los estrados más profundos, la misma conciencia ordinaria y distinta del "yo" se debilita y se halla en el umbral de las funciones inconscientes, en relación inmediata con la vida vegetativa. Éste, precisamente, es el fin de la "persona" y el principio de lo impersonal, de la "naturaleza".

Aquello a lo que la antigüedad ha dado el nombre de genios, de espíritus de los elementos, de dioses de la naturaleza y términos similares, además de las actitudes supersticiosas populares y folklóricas y aparte de las aportaciones poéticas, no era solamente una fábula, sino que se trataba sin duda de "imaginaciones"; es decir, de formas producidas en determinadas circunstancias por una facultad análoga a la que opera en el sueño en relación con el sistema simpático, las cuales, sin embargo, dramatizaban de distintas maneras, como suele ocurrir en los sueños, las sombrías experiencias *síquicas* de contacto con las fuerzas, de las cuales las formas, elementos y leyes visibles de la naturaleza no son más que su manifestación.

Igualmente, los fenómenos de clarividencia llamados "naturales", o bien de clarividencia simbólicas, se ligan a una neutralización y exclusión del cerebro y al sostén de una conciencia estrecha que en ciertos seres subsiste gracias a circunstancias especiales, justamente en el sistema simpático. Los plexos principales de tal sistema, y sobre todo el plexo solar, se trasforma entonces en un centro de sensaciones y asumen la función cerebro, ejercitándolo sin la ayuda de los sentidos físicos en forma estricta, a base de estímulos y sensaciones que no provienen exterior sino de dentro. Naturalmente, según los casos, los resultados de, esta actividad tienen un carácter más o menos di recto, es decir, están mezclados con formas que emplean para conducir y convertir lo consciente y son avisadas también por el elemento espacio-temporal propio del cerebro[3]. Pero, por grande que sea la parte de las escorias, subsiste en tales fenómenos un margen incontestable de objetividad, que se confirma a veces también en forma perspicua por la correspondencia de los datos proporcionados por tal medio con aquellos que están bajo control de una base de percepciones físicas escogidas y organizadas por una conciencia vigilante.

Esto nos da ya un punto de orientación. Existe toda una zona "síquica", "oculta" respecto de la conciencia ordinaria, que es real a su manera (no "ilusión subjetiva" o "alucinación"), pero que no se debe confundir con lo "espiritual" en la jerarquía de valores, ni mucho menos con lo "sobrenatural". Con mayor razón se podría hablar aquí de lo infranatural, y quien se abre pasiva, "estéticamente" a este mundo, en realidad retrocede, hace descender el nivel interior de un grado superior a otro bastante inferior.

Toda medida positiva de la verdadera espiritualidad, para el hombre, debe ser la conciencia clara, activa y distinta: aquella que él posee cuando examina objetivamente la realidad exterior u ordena los términos de un razonamiento lógico, de una deducción matemática, o toma una decisión en su vida moral. Su triunfo, es decir, aquello que lo define dentro de la jerarquía de los seres, es éste. Cuando por el contrario, transita por los dominios de un misticismo nebuloso, de un recelo panteísta o por los de la fenomenología, por sensacional que sea, que se efectúa en las condiciones de la regresión, del colapso síquico, del trance, él no asciende, sino *desciende* en la escala de la espiritualidad, pasa de lo que es más a lo que es menos en el campo del espíritu. No sublima la "naturaleza" sino que se reintegra a ella, más aún, se convierte en instrumento de las

---

[3] Cfr. A. SCHOPENHAUER (*Parerga und Paralipomena*, ed. 1851, v. I, pp. 231-233) que ha visto claramente este punto.

fuerzas inferiores restringidas a sus expresiones.

Sólo después de haber visto bien claro este punto se puede formar la idea de una diversa y opuesta dirección espiritual, que sirva para juzgar aquello que puede ser válido en el "espiritualismo" y que puede proponerse a quien, teniendo una particular vocación y calificación, busca una "trascendencia", algo mucho más elevado de cuanto ofrece la visión moderna del hombre y del mundo, el espacio para una libertad superior más allá de las limitaciones y de la falta de sentido de la existencia de hoy así como de las mismas formas resultantes de las confesiones religiosas.

Inicialmente se trata de exponer la exigencia de un camino hacia experiencias que, lejos de "reducir" la conciencia, la transformen en supraconciencia, que en lugar de abolir el aspecto distintivo tan fácil de conservarse en un hombre sano y entendido entre tantas cosas materiales y actividades prácticas, la eleve a un grado superior, de manera que no altere los principios que constituyen la esencia de la personalidad, sino que por el contrario los integre.

El camino hacia tales experiencias es el que lleva a lo que es verdaderamente sobrenatural. Pero este camino ni es fácil n atractivo para la mayoría. Presupone precisamente una actitud opuesta a aquello que cautiva a los entusiastas por el "espiritualismo" quienes sólo son empujados por un confuso impulso hacia la evasión; presupone además una actitud y una voluntad de *ascensión en* el sentido original de esta palabra, diferente al significado tradicional de mortificación y monástico.

No es fácil encauzar la mentalidad moderna a la reflexión y al juicio en términos de interioridad, sino de apariencia y de "fenómeno" o de sensación. Menos fácil todavía es, después de las devastaciones biológicas, antropológicas y del evolucionismo, conducirla de nuevo a lo que fue, y nominalmente es aún una enseñanza católica: la dignidad y el destino *sobrenatural* la persona humana.

Ahora bien, precisamente esto es, en cambio, el punto fundamental para el orden de las cosas de las cuales estamos tratando. Sólo quien tenga un juicio recto puede reconocer efectivamente *que en aquel que no es exclusivamente material existen dos dominios distintos sin ninguna duda opuestos*. Lo que corresponde a formas de conciencia inferior al nivel del estado de vigilia de la persona humana normal es el orden natural, en el sentido más amplio de la palabra. Solamente el otro orden es *el sobrenatural*. El hombre se encuentra entre estos dos dominios, y quien sale de una condición de éxtasis o de precario equilibrio puede moverse hacia uno o hacia otro. Según la doctrina antes citada de la dignidad y del destino sobrenatural del hombre, éstos no pertenecen a la "naturaleza" ni en el sentido materialista del evolucionismo y del darwinismo, ni en el sentido "espiritualista" del panteísmo o de concepciones afines.

Como *personalidad* él se eleva del mundo de las almas místicas, de las cosas y de los elementos, y del fondo de una "intuición cósmica" de indiferencia y su visión clara de las cosas físicas de los crudos contornos, objetivos en el espacio, así como su experiencia de pensamientos precisos y lógicamente encadenados, expresa ya casi una especie de catarsis y de liberación de ese mundo, a pesar de la limitación de los horizontes y de la posibilidad que se deriva de ello[4]. Cuando en

---

[4] Esta manera de ver las cosas tiene relación con la enseñanza budista, según la cual los "dioses" (considerados como fuerzas "naturales"), si quieren obtener la "liberación", es necesario que pasen antes por el estado humano y ahí consignan el "despertar"; al que hace luego confrontación con la doctrina hermética acerca de la superioridad del hombre sobre los dioses como "señor de las dos naturalezas", pero también sobre el continuo peligro en que se encuentra. Se debe hacer notar, y en seguida lo veremos de cerca, que en contra al ideal de la "liberación", idéntico al de la completa realización del destino sobrenatural del hombre, el concepto de "naturaleza" abarca también los estados cósmicos y no-humanos, pero que también entran en el mundo condicionado.

cambio, retorna a él, entonces abdica y traiciona su destino sobrenatural: su "alma" cede. Él entra consciente o inconscientemente por la vía descendente, mientras que en la fidelidad a su fin le habría sido concedido andar más allá de cualquier estado condicionado, por "cósmicos" que ése fuera.

Esta exposición esquemática es suficiente para una primera orientación de frente a las distintas corrientes del "espiritualismo". El desarrollo de la crítica de cada una de ellas vendrá a precisar y a integrar paso a paso lo observado de modo que sea posible ver, en poco tiempo, cuáles pueden ser los puntos positivos de referencia.

II

El espiritismo y las búsquedas psíquicas

El espiritismo se ha puesto a la vanguardia del nuevo espiritualismo; ha dado la señal de volverse contra el materialismo, inmediatamente después de haber sido acogido por el teosofismo, con el cual se divide todavía para la grande mayoría de los apasionados por lo invisible. No carece de importancia la particularidad de que ambos movimientos, el espiritismo y el teosofismo, surgieron en los países anglosajones protestantes y que las mujeres han tenido una parte fundamental en su origen: las hermanas Fox en uno, Elena Petrovna Blavatsky y después A. Besant en el otro.

El espiritismo fue el primero en llamar la atención de gran parte del público sobre un conjunto de fenómenos, los cuales, a decir verdad, eran bien conocidos en la antigüedad, pero que para salir de los marcos de la visión "positiva" del mundo consolidada en el siglo pasado, habían sido considerados como extravagancias e imaginaciones de mentes supersticiosas. *Todo el mérito del espiritismo comienza y termina aquí.*

El espiritismo no se ha limitado a atraer la atención sobre la realidad de estos fenómenos, sino que ha buscado de cualquier modo propiciarlos y provocarlos, descubriendo los llamados, *médiums* y proponiéndose la tarea del desarrollo de las facultades latentes que se atribuyen a los médiums. Además ha buscado una explicación de los fenómenos y de todo cuanto conduzca a la acción de "espíritus" (por norma, se entiende por "espíritus" a los seres humanos difuntos") y pretende fortalecer por tal camino, una especie de prueba experimental de la supervivencia del alma, así como de su inmortalidad; esto es propiamente el espiritismo.

El examen y la presentación tanto de estos fenómenos, como de todos aquellos que tienen un carácter extranormal, sin una superestructura teórica e interpretación reconocida y sobre todo bajo un riguroso control científico y con una actitud análoga a aquélla asumida por la investigación y clasificación de los fenómenos "naturales" en sentido estricto, constituye por el contrario el objeto de las llamadas "búsquedas síquicas" o "metasíquicas" o "parasíquicas". Estas búsquedas, organizadas en un periodo más reciente y haciendo ya frente a numerosos institutos y sociedades, han continuado y completado la apariencia juzgada positiva por nosotros, del espiritismo, en el sentido de que de acuerdo con sus afirmaciones, no es posible dudar más de la realidad de lo extranormal, aunque también para todo eso el mérito comienza y termina aquí.

Por otra parte, limitándonos al orden de los fenómenos sobre los cuales se ha concentrado especialmente la atención del espiritismo y de las búsquedas síquicas, relacionado con aquello que no se reduce a un simple estudio, sino a propiciaciones y cultura de la mediumnidad, aun en el intento de obtener una siempre más amplia materia de investigación, se debe decir aquí que nos encontramos delante de un movimiento que en su totalidad presenta de modo típico el aspecto antes dicho, por el que el "espiritualismo" constituye un peligro para el espíritu. La facultad atribuida a la *mediumnidad* puede definirse como un método para propiciar o acentuar la disgregación de la unidad interna de la persona. El hombre, como médium, habiendo quedado parcialmente libre su cuerpo de un cierto grupo de elementos más débiles, se convierte en instrumento para la manifestación en nuestro mundo, de fuerzas y de predominio de naturaleza extremadamente diversa, pero siempre inferior a su carácter personal. El médium no puede de ningún modo controlar estas fuerzas e influjos porque su conciencia atrapa solamente los efectos, o bien se desliza definitivamente en el sueño, en el trance, o en la catalepsia.

Las cosas no cambian respecto a los otros, es decir, cuando los espiritistas permanecen en espera de la manifestación de les muertos, o cuando otros controlan científicamente las reuniones. La última de sus preocupaciones es tener un sentido y un juicio justos sobre las condiciones espirituales que propician las manifestaciones. Para unos, todo vale pasivamente como "revelación"; y lo "sensacional" y cuanto parece confirmar sus hipótesis "espiritualistas" y satisfacer sus necesidades sentimentales es lo que verdadera y esencialmente cuenta para ellos. Para los otros, es decir, para aquellos que se dedican a las "búsquedas síquicas", el hombre vale como un productor de "fenómenos", y éstos son apreciados mientras más inusitados y controlables sean, y de aquello que sucede desde un punto de vista interno, casi no les preocupa. Ellos tampoco tendrían escrúpulos en emplear medios de cualquier género, procedimientos hipnóticos o sustancias especiales, con tal de provocar artificialmente o intensificar la mediocridad para conseguir "sujetos" apto para sus experimentos y sus constataciones.

A veces, en principio, en la persona de los *médiums* en los puntos de salida al invisible, a condición de que no suceda cualquier cosa que agite, sacuda y se imponga, el peligro está lejos de limitarse al atentado contra la unidad espiritual del médium. Ni el hombre común ni los "espíritus positivos" tienen hoy una idea de las fuerzas ocultas e impersonales que se mueven a las márgenes de la realidad, de las cuales están excluidas. El médium, que se presta como instrumento para la manifestación que ellas desean, tiene exactamente la función de un centro de infección síquica para el propio ambiente. Él hace de médium, es decir, de transmisor, para que aquellas fuerzas puedan ejercer una acción sobre nuestro mundo y sobre nuestras mentes, las cuales frente a ellas quedan sin defensa. Las manifestaciones que se obtienen en las "reuniones" son sólo una parte, frecuentemente omisible e inofensiva respecto a todo aquello que escapa de las puertas entreabiertas de los "infiernos". Por el contrario, se podrían indicar efectos graves, lo mismo para cada uno en particular que para la colectividad, en relación con las condiciones creadas involuntario e inconsiderablemente en las sesiones de tipo ya sea "espiritista", "científico" o seudoiniciático si se tuviera una inteligencia para ciertas leyes ocultas que operan dentro de la maquinación de la experiencia común. Para echar un vistazo a un solo caso sería tan interesante, como alarmante, constatar la parte que evocaciones de este género, en un periodo todavía anterior al nacimiento del espiritualismo contemporáneo y del espiritismo, tuvieron en los procesos de infiltración y de degradación verificados en ciertas organizaciones secretas, las cuales tuvieron después una función de primer plano en la subversión revolucionaria europea.

Si se piensa que el número de personas que practican el espiritismo en Italia, que es de millares, y en el mundo, que llega a millones, nos podremos formar una idea del peligro espiritista no sólo como autoridad de creencia supersticiosa y de desviación intelectual, sino sobre todo en orden de una acción insensible y corrosiva de las barreras que, cerrando el más allá, permitan a los hombres un cierto margen de seguridad y de autonomía.

Por otro lado, *toda saturación de influencias "inferiores" que, por este u otros conductos, se produce en la vida actuando y conspirando dentro de la conciencia, es digna de preocupación hoy más que nunca, porque falta casi totalmente el contrapeso a esas influencias de sentido opuesto, es decir, las efectivamente sobrenaturales, que las grandes tradiciones sabían atraer o unir de una manera invisible a nuestras intenciones, nuestros pensamientos y nuestras acciones.* A partir del Renacimiento, el hombre occidental ha querido ser "libre": se le ha complicado, se le ha dejado actuar, se ha retirado de lo espiritual, y él ha sido abandonado a sí mismo, lo que equivale a decir que está excluido de aquellas conexiones que lo relacionaban con lo alto, en función de las cuales podía disponer de armas para su defensa interna.

En cuanto al espiritismo, se encontrará tal vez una cierta exageración en estas opiniones. Muchos desconocerán inclusive el peligro, hasta que se encuentren delante de cualquier cosa que forme parte del repertorio de lo "sensacional": enfermedades misteriosas, accidentes inexplicables, aberraciones mentales, catástrofes sobre alguien y así sucesivamente. En la actualidad se ha llegado a un punto que se considera serio y que nos alarma, no sólo porque puede amenazar nuestra fortuna y nuestra existencia corporal sino también nuestra salud física y nuestros nervios. Por lo que respecta a todo lo demás, ni siquiera se piensa en ello. Lo que se refiere al espíritu es asunto privado, pertenece al campo de las opiniones y del juicio "moral", pero no al de la realidad. Ideas de este tipo, en su simplicidad, *son exactamente las que se necesitan para confirmar la antes mencionada indefensión del hombre de hoy frente a fuerzas más sutiles*[5].

La obsesión en el amplio sentido de la palabra (el no pertenecer más a sí mismo) es una de las formas más difundidas en las cuales se manifiesta y realiza la acción de las influencias antes citadas sobre la personalidad humana. En la persona libre, sin dejar advertir la constricción, se remplaza alguna cosa que impide o pervierte toda aspiración superior. El principio personal, disminuido retrocede "estéticamente" se comprenderá mejor el sentido de esta palabra- en lo promiscuo y colectivo; el colectivo, el informe síquico, acusa típicamente la irrupción destructiva. Evidentemente no se trata ahora sólo de los médiums en sentido

---

[5] No fue sin razón el hecho de que la Inquisición condenó no sólo a quien era un "apoyo" de fenómenos semejantes a los de los espiritistas sino también a aquellos que negaban la existencia de esos fenómenos, ca yendo todos ellos en la sospecha de ser por otro lado, instrumentos de las mismas influencias "inferiores" para propiciar la "cobertura".

estricto, a saber, espiritista, y tampoco de aquellos que hacen de los mismos una especie de nuevo culto; es una acción más distante, uno de los puntos de partida en los cuales todavía se puede determinar al individuo, así como a su clase. El mundo moderno no tiene necesidad más que de impulsos ulteriores en este sentido, y quien posea una mirada aguda ve con facilidad cómo convergen muchas cosas, *casi como elementos de un mismo terreno,* percibiéndolos si tiene también maner de entender la dirección y el sentido efectivo de los fenómenos particulares.

Las consideraciones expuestas al principio se aplican lo mismo al espiritismo militante, como al ramo de las búsquedas síquicas que considera los mismos fenómenos, cuando no se limita a constatarlos y registrarlos dondequiera que sea, sino que tiende también a producirlos y a multiplicarlos, aprobando y valorizando la mediumnidad. Solamente que en el segundo caso hay una limitación casi automática del peligro. En efecto, cuando la actitud científica, con la de confianza y la duda metódica que le es propia, se mantiene realmente, opera entonces muchísimas veces como un factor negativo y paralizante sobre la mediumnidad y sobre la producción de los "fenómenos", porque exigen una atmósfera síquica *ad hoc* (para esto) para una amplia explicación: es como un círculo vicioso, procedente de la desigualdad del método con la materia a la que se aplica.[6]

Después de esto, quedarían por examinar las hipótesis y especulaciones de las dos tendencias; argumento que deberá ser

---

[6] El mencionado efecto inhibitorio se vuelve desastroso cuando en las sesiones no están presentes personas destinadas a controlar y a prevenir los trucos, sino las que, por así decir, son "portadoras" del verdadero sobrenatural. Entonces el efecto suele ser una verdadera y propia crisis histérica y convulsivo del médium, la cual no puede menos que hacer pensar en aquello que acontece algunas veces en los ritos de exorcismo.

limitado a algún punto esencial.[7]

Como se ha dicho, para los "espiritistas" los fenómenos mediumnícos tienen valor como una prueba experimental de la supervivencia y, para algunos, de la misma inmortalidad del alma de los muertos. Haciendo a un lado los dogmas de la fe, ellos pretenden refutar por esa vía el agnosticismo y el materialismo modernos, siempre que ellos se coloquen en su mismo terreno, de los "hechos", de las pruebas tangibles. Sin embargo, que sea la personalidad de los muertos la que actúe en los fenómenos inediumnímicos o solamente en algunos de ellos, es cosa muchísimo más sujeta a cautela. En realidad, ni los espiritistas, ni quienes se dedican a las "búsquedas síquicas" disponen, en modo absoluto, de algún medio para acertar las verdaderas causas de los fenómenos. La mediumnidad y los otros estados análogos en que colocan los sujetos son por hipótesis estados de conciencia estrecha o paralizada; son estados en los cuales, el poder de visión y el control *interno* del yo no acompañan el alejamiento de sitio mediante el cual se despiertan las causas de los fenómenos y de las, manifestaciones extranormales. Mientras uno entra en trance los otros permanecen "fuera" para mirar o escuchar, conmovidos y extasiados, o bien provistos de instrumentos registradores muy precisos, con la esperanza de que se produzca alguna cosa que, en su tosca materialidad, no podrá nunca tener un rostro definido. Causas muy diversas pueden producir un mismo fenómeno (por ejemplo, se puede tener el fenómeno de la levitación por obra de un médium, un santo, un brujo, un iniciado o un yogui). Y la falta de sólidas, bases doctrinales, la presencia de sugestiones y de predisposiciones sentimentales, sobre todo el sentido restringido y humano que de cada cosa tienen los hombres modernos hacen, no sólo que el conjunto se reduzca a hipótesis, sino que las conjeturas

---

[7] Para la correspondencia de los puntos de vista, se puede consultar en tal objeto la obra de R. GUÉNON, *L'Erreur Spirite* (París, la. ed,, 1923), disponible en español *El error espiritista*, Omnia Veritas.

escogidas están entre las *más* ingenuas y unilaterales: esto, cuando no se tenga desde luego que hacer con las afirmaciones disfrazadas de un *credo* verdadero y propio no menos intolerante que aquel religioso que se pretendía superar con las "pruebas experimentales".

En cuanto a las "búsquedas síquicas" o metasíquicas en particular, hay que denunciar de nuevo lo inadecuado del método: se asume la misma actitud que la ciencia positiva tiene para los fenómenos físicos o biológicos, tal vez porque en la mayoría de los casos existe la tácita persuasión de que no se tiene tanto que hacer con el "espíritu" y lo suprasensible en su particular significado como con el orden de las leyes "naturales" aún no bien conocidas, así como anteriormente no era notorias las leyes de la electricidad y del magnetismo. Precaverse del "truco" y de las mistificaciones ha sido la aportación positiva de tal investigación[8]. El aspecto sensible de las manifestaciones es, además de la deformación profesional, la fuente del equívoco metodológico. Si este aspecto no estuviera presente --y si los espiritualistas no insistieran tanto para una confirmación "positiva" de sus tesis sería necesario fantasear para aplicar a este orden de cosas el método "experimental", tanto cuanto cada mente sana hubiera imaginado respecto al mismo, de los productos del genio y de la creatividad estética, naturalmente antes de las prevaricaciones provocadas por cierta sicología materialista y por el sicoanálisis. Es singular la torpeza por la que no se comprende que, si se trata en verdad de algo "espiritual", un conocimiento adecuado no puede provenir de registros y de aciertos exteriores, sino sólo y únicamente de una identificación con el mismo proceso espiritual, de seguir activamente el origen y desarrollo hasta alcanzar, por último, la casual manifestación sensible, la cual no es más que una parte tomada del mismo

---

[8] Además de los casos en los cuales la misma actitud de control y obstinación en querer manejar los fenómenos a voluntad, obligan a los médiums a hacer uso de los "trucos" inconscientes cuando no están en condición de producirlos.

conocimiento.

Un problema discutido en metasíquica es el de algunos fenómenos extranormales; ¿se deben explicar como facultades ignoradas por los médiums o por otros sujetos, o bien, deben atribuirse igualmente a agentes externos, extraindividuales? Esta cuestión pierde gran parte de su importancia cuando se hace intervenir al inconsciente o al subconsciente, pues por definición eso pertenece a la parte inferior de la persona, es una región síquica en la cual lo que es individual y lo que no lo es, está separado por fronteras débiles que puede extenderse y penetrar hasta zonas pobladas de toda clase de influencias, a "pensamientos errantes" y hasta de fuerzas que no tienen siempre una correspondencia con el mundo de los seres encarnados y de la realidad sensible.

En la metasíquica más reciente, las hipótesis estrictamente espiritistas" de las primeros tiempos se consideran hoy como primitivas y ya han sido superadas. Pero con esto se ha caído en el extremo opuesto, porque en el caso de una clase particular de manifestaciones mediumnímicas se considera que entre las influencias de las cuales se ha hablado, pueden encontrarse también los "espíritus" de los muertos, siempre y cuando se dé al término "espíritus" el sentido antiguo, según el cual ellos están muy locos de tener el mismo valor del "alma". Los "espíritus" son las energías vitales, calificadas ya sea en sentido mental (recuerdos conjunto de ideas, etc, o bien en sentido "orgánico", o en sentido "dinámico" (impulsos, complejos volitivos hábitos, etcétera); energías, que el alma, *si sobrevive a la muerte,* deja tras de sí, exactamente como ha hecho con el cadáver físico, cuyos elementos pasan al estado libre. Estos elementos vi tales, también ya en estado libre como restos del cadáver, privados de la unidad esencial del ser en torno a la cual estaba organizados, bajo la forma de "segundas personalidades" o también, frecuentemente, y con más sencillez, de complejos de la memoria, de monoideismos y de potencialidades cinéticas convertidas en impersonales, pasan a encarnarse en el médium y, por su conducto, producen algunas variedades de la fenomenología extranormal, que los ingenuos toman como pruebas experimentales de la supervivencia del *alma*[9]. En realidad, aquí se trata de formas vitales que quedan destinadas a extinguirse a un plazo más o menos breve[10]; no del alma, en el sentido real y tradicional del término.

No sólo esto. Hay casos en los que de fuerzas no humanas se encarna en estos residuos algo del semblante del difunto a manera de una especie de "doble" que los animan Y las mueven provocando apariciones y fenómenos que pueden inducir al error, pero que, al mismo tiempo, tienen más un carácter siniestro cuando se descubra la verdadera naturaleza de semejantes fuerzas que condensan estos residuos larvales y automáticos.

Por lo tanto, son estos casos los que han dado preponderancia al espíritu, el incentivo de convertirse a una nueva macabra religión la cual no se da cuenta de todo lo que hay de burla y seducción cuando se manifiesta en fenómenos de esta especie, los cuales, sin exageración, podrían definirse satánicos[11].

---

[9] Basta esta opinión para tener en cuenta también otras presuntas pruebas de la supervivencia personal adoptadas por los espiritistas: casos *hantées,* apariciones espontáneas, premoniciones de cónyuges o sus comunicaciones en eí momento de la muerte y as! sucesivamente. Sólo que aquí entran en juego otras condiciones, diversas según los caso-e, para hacer posible a los "espíritus" su manifestación sin la intervención de un auténtico médium.

[10] De aquí la idea del Hades, de las tradiciones grecorromanas: del *Niflheim* de las tradiciones nórdicas; del pitr-yana (opuesto al "camino de los dioses", *deva-yana)*; de la tradición hindú y así sucesivamente, todas sedes de existencia oculta o de reabsorción. En el mismo cristianismo la geenna, mencionada por los Evangelios a los "condenados" (en hebreo *Gué* Hinnom, la geenna del fuego) designaba originalmente el lugar donde *se destruían* los desperdicios de la ciudad: y se ha dicho: "temed a quien puede matar el cuerpo y el alma en la geenna del fuego" (Luc. XII, 4).

[11] Sobre esto, G. MEYRINK ha escrito algunas páginas muy sugestivas en su

Sin embargo, motivos de sospecha no faltarían en este ámbito, hasta para quienes se mantienen al tanto de la existencia de las simples constataciones metasíquicas. Un solo ejemplo: el estudio de las relaciones entre mediumnidad y el fraude han llevado a resultados muy interesantes. Es decir, se ha constatado que en muchos casos el engaño de los médiums no procede de ninguna manera de su intención como embaucadores conscientes. Esto puede acontecer, ciertamente, como también sucede, de acuerdo con lo que ya hemos dicho, que sean los mismos experimentadores quienes impulsan a veces, con sus insistencias, hacia una ficción seminconsciente. Pero en aquellos otros casos, el fraude se presenta como un *hecho ya mediumnímico y espiritual* como la manifestación en el médium, de una influencia para caracterizar la cual no podría encontrar mejor expresión que aquella bien conocida de *espíritu de la mentira*.

Un poco más arriba se hizo la aclaración: *si el alma sobrevive a la* muerte. Este caso en realidad no es tan frecuente y general como usualmente piensan los no-materialistas en razón de algunas recientes creencias religiosas occidentales, mutiladas o tomadas al pie de la letra, o en fin, fabricadas solamente en vista de ciertas y especiales finalidades pragmáticas.

Sin llegar al fondo en el argumento, solamente señalaremos aquí que es pueril, a modo de dilema, exponer el problema de: "o mortal, o inmortal", así como del simplismo ya sea de la solución materialista como ce la espiritualista. La idea, recurrente, implícita o explícita en las enseñanzas tradicionales es en cambio la de que hay quien muere con o después del morir del cuerpo, y hay quien sobrevive, pasando a condiciones diversas. Y entre los que sobreviven, hay, en fin, alguno que alcanza la condición privilegiada de la verdadera inmortalidad. No se puede decidir

---

romance *Domenicano Bianco* (trad. en ediciones Mocca, Milán, 1944).

una solución para el hombre en general: la solución difiere de persona a persona y depende de lo que ella es. En general, sobrevive quien, de un modo u otro, ya en vida ha efectuado una separación actual o virtual de su principio espiritual de las condiciones impuestas a la conciencia por el cuerpo y de la experiencia sensible de vigilia, lo que en términos teológicos equivaldría a decir: en la medida en la cual se haya efectivamente dirigida ya en la tierra, la propia alma al fin sobrenatural. Por lo que respecta a las diversas soluciones que esperan los supervivientes después de la muerte (no hay que confundirlos con los *inmortales*) ellas dependen ya sea de su deber más aún que del intelectualismo, ya sea de las inclinaciones que la conducta interna ha impreso al alma en vida, ya sea de la iniciativa, del comportamiento y dirección de la que sea capaz el alma misma a la hora de la muerte -in *extremis*- o de frente a situaciones, pruebas y experiencias que no son ya de este mundo. Quien se interese sobre este último punto, puede enterarse por la enseñanza de los lamas, el *Libro tibetano del* muerto *(Bardo Todol)* que contiene una verdadera y propia ciencia, superior a cualquier confesión privada religiosa en el sentido occidental, sobre los estados después de la muerte y expone la lógica de los diversos destinos precedentes de las acciones espirituales a los cuales el alma está llamada en estos estados[12].

En cuanto a quien no ha alcanzado la condición de sobrevivir, después de la muerte se descompone en sus elementos síquicos y vitales, en sus "espíritus", sin quedar ningún residuo de verdadera unión espiritual consciente. De aquí nace, en algunas tradiciones, la idea de la "segunda muerte" y la invocación: "que tú puedas librar-te de la segunda muerte", o bien la maldición: "que pueda atraparte la segunda muerte". Volviendo al espiritualismo, y de acuerdo con' lo ya expuesto, es

---

[12] Tal enseñanza ha sido reasumida en el apéndice de nuestro libro *Lo Yoga della Potenza* (3a. ed. Edizioni Mediterrance, Roma, 1968), cfr. también la obra colectiva *Introduzione alla* magia, v. II, (3a. ed. Edizioni Mediterranee, Roma 1971.

necesario decir que el caso en el cual no sean los "espíritus", es decir, les llamados residuos síquicos desindividualizados o bien las "larvas", máscaras y facsímiles de personalidad vitalizadas por influencias inferiores, sino las almas liberadas de los muertos las que se prestan a entusiasmar y a hacer fuertes en la fe a los círculos espiritistas o dar materia a los coleccionistas de "fenómenos" y a los archivos metasíquicos, el éxito es tan raro, que *a priori* se puede casi excluir. Tales almas residen en regiones (es decir en estados) espirituales tan trascendentes, que no tienen ninguna relación con el mundo de los cuerpos y con las empresas y sentimientos de los hombres. Y cuando absuelven una "misión" abandonan estos estados por cualquier manifestación bajo las condiciones de espacio y de tiempo; el último lugar en el cual la manifestación debiera de buscar-se sería entre los fenómenos que caen en manos de los metasíquicos y el de los espiritistas: fenómenos caprichosos, sin finalidad, confusos, desprovistos de toda grandeza, con frecuencia burlones, muy inferiores en lo intelectual, a menudo simplemente iguales a aquello que se puede esperar no de una alma transfigurada, sino de una persona de mediana cultura de este mundo. Guénon señala justamente que la naturaleza de estos fenómenos no debería dejar duda alguna sobre las fuerzas que los producen. Además, la mescolanza de repercusiones orgánicas y de otros elementos o imágenes suministradas por la parte irracional e infraconsciente de los evocadores v de los médiums, no se trata ni de almas transfiguradas por la muerte, ni de influencias verdaderamente sobrenaturales, sino de fuerzas y de complejos síquicos que vagan en lo humano-inferior con mayor o menor relación con el elemento "inferior" de la naturaleza; o bien, se trata de larvas o de residuos que no pertenecen a almas elevadas; o, también de los productos de descomposición de las almas que sin duda no sobrevivieron. Esto es cuanto puede resultar de una visión conforme a la realidad.

En el último caso, tomado al pie de la letra, se puede decir que alguna vez *son los muertos* los que actúan en el orden de cosas de las que estamos hablando. Y en sentido igualmente literal se puede añadir que el médium *sigue el camino de los muertos:* con el trance y con los otros estados afines al mismo, él evoca los primeros grados de aquella reducción de la conciencia y de aquella progresiva disociación de la unidad espiritual, en que incurre quien *muere de verdad*. A lo largo de este camino, el sendero del Hades encuentra los residuos de los muertos, que lo invocan para recorrerle en sentido contrario, llegando a manifestarse en el mundo del que habían estado excluidos con la destrucción de su cuerpo. En el orden síquico, tales residuos tienen una parte semejante a aquella de los productos de putrefacción, que se transforman en otros tantos centros de infección para los organismos vivos.

Los antiguos, los orientales, y hasta ciertos pueblos considerados "primitivos" sabían de estas cosas más que todos les espiritistas y todos los presidentes de las "sociedades para las búsquedas síquicas". Por esto, la evocación de los muertos casi siempre era condenada como un grave delito. Ellos buscaban la manera de alejar definitivamente de los vivos los restos espirituales de los muertos: o bien, actuaban para "aplacarlos" o vincularlos. No era otra la razón secreta de muchos ritos funerarios tradicionales, los cuales no se reducían a meras "ceremonias", sino que ejercían entonces una acción efectiva sobre las fuerzas síquicas pasadas al estado libre al destruirse el organismo físico. El comercio, no con aquellos residuos, sino con las almas de los muertos, llegando hasta tener "revelaciones", era considerado un absurdo. Todavía en nuestros días, cuando se le dijo a un lama que los ingleses creían en cosas de tal índole respondió: "¡Y es ésta la gente que ha conquistado la India!"[13]

---

[13] A. DAVID-NEEL, *Mystiques et Magiciens du Tibet,* París, 1930, p. 237. Una consideración aparte requeriría el culto antiguo de los antecesores en los aspectos en los cuales no era una simple expresión de piedad. Aquí señalaremos solamente que se tenía esencialmente en consideración una unidad de los vivos y de los muertos en el signo de la fuerza generadora de la casta (el *genius)* que

Todo esto puede instruir sobre el error y sobre el peligro no sólo para sí mismo, sino también para los otros, introducidos por las prácticas mediumnímicas. Aun cuando no se trata de 64 muertos", es decir, en la mayoría de los casos, las cosas no cambian mucho: en aberturas practicadas por casualidad no pueden estar más que los primeros que han llegado a manifestarse. Además existen leyes, hoy ignoradas pero no por eso menos reales, de "simpatía" y de "analogía": como la eventual posibilidad de un contacto con las almas transfiguradas de los muertos que está condicionada por aquella de elevarse a estados esencialmente superindividuales, así en estados de subsconciencia, como son aquellos mediumnímicos, no pueden ser atraídas más que por fuerzas e influencias, las cuales en el orden cósmico tienen la misma parte que el subterráneo oscuro del subconsciente y del prepersonal que hay en el hombre. Todo esto, repitámoslo, no puede operar más que destructivamente sobre aquel que constituye una personalidad formada y unidad espiritual; en el orden pues, de la acción más vasta, a la que hemos mencionado poco antes, no puede resolverse más que en un factor de desorden, de desequilibrio y de desviación en la sicosis colectiva.

En una antigua pintura de una tumba etrusca, junto a un altar, considerada como el desbordamiento de las fuerzas infernales, está representado un hombre armado con una espada. Es el símbolo de una actitud exactamente opuesta a aquella mediumníca.

Antiguamente existía un arte de crear, sobre la base de la llamada ley de las analogías, condiciones internas y externas para

---

se buscaba tener viva y presente: fuerza de carácter superindividual, como aparece sobre todo en las formas aristocráticas, patricias, de dicho culto, donde el *genius* te identificaba con el "héroe archegeta" revestido de un carácter "divino", luminoso. Pero en la concepción romana común de los *lares* subsistía muchas veces la idea 'de fuerzas oscuras e infernales.

atraer y dirigir *conscientemente un determinado* orden de influencias, dentro de la variedad de aquellas que habitan lo de "atrás" y lo de "dentro" de la realidad visible, del mundo fenoménico. Entre los espiritualistas de hoy, no se sabe nada de ese arte (del cual se conservan algunos ecos en la misma tradición ritual y sacramental católica). Unos combaten el camino de la superstición v de los consuelos sentimentales, otros el de la búsqueda "científica", y ninguno se da cuenta de las locuras que se podrían evitar, de las muchas cosas que se podrían saber, si se cambiara radicalmente de actitud y de método; si se volviera al estudio y a la comprensión de las enseñanzas tradicionales; si, antes de buscar los "espíritus", se buscara el *espíritu* y se forjara a sí mismo como espíritu.

Pero volvamos un momento a la metasíquica para poner de relieve dos puntos. El primero consiste en que, con la amplia documentación de fenómenos que ha recogido, se queda siempre bajo el plano de *productos inferiores de lo extranormal,* por cuanto se trata de fenómenos de carácter "espontáneo", esporádico, accidental, irracional, no intencional, tanto en el caso de la llamada ESP ("percepción extrasensorial" que incluye a la sicometría, telepatía, clarividencia, la precognici6n, etcétera) cuanto, y más todavía, en el caso de los fenómenos llamados "parafísicos", con efectos objetivos en el campo del mundo físico que no admiten una explicación normal. Esto es bastante claro, porque quien tuviere de verdad el poder de producir fenómenos de carácter diverso, intencionales y voluntarios, con base en una calificación espiritual, digamos por un iniciado, un auténtico yogui, por un santo, esto parecería ser sin excepción la parte contraria constante; no le pasaría jamás por la mente ponerse a disposición, como un "sujeto" de las búsquedas parasicológicas profanas. Estas, por consiguiente, no pueden contar más que sobre un material espurio, disperso y casual, que no permite una orientación precisa. En el campo de la metasíquica cuando se refiere solamente a facultades extranormales del sujeto o también a sus contactos con un quid (algo esencial) indefinido, la imposibilidad de disponer, para el examen, de fenómenos producidos voluntaria y libremente es reconocida en general y se le considera como un insuperable *handicap* para la búsqueda "experimental".

Hay algo más y éste es el segundo punto que se pone de relieve: se ha constatado que el proceso de la percepción extrasensorial y de otras facultades parafisíquicas es inconsciente en su parte esencial; que las manifestaciones están ligadas, cuando menos a una "reducción de la conciencia" (hace poco, esto ha sido subrayado, por ejemplo, por Tyrrell y por Rhine), a un estado límite entre el sueño y la vigilia, semejantes en parte al trance de los médiums: a tal punto que en algunas tentativas por activar experimentalmente aquellas facultades se ha recurrido o hipnotizar a los sujetos. Todo esto nos habla de que en este campo se trata de algo extranormal que desde el punto de vista de los valores de la personalidad presenta un carácter regresivo subpersonal. No han faltado investigadores tales como Wasiljev y Tenhaeff, quienes han llegado a formular la hipótesis de estados "filogenéticamente regresivos": regresión del sujeto en la condición de la sique primitiva correspondiente al nivel de poblaciones salvajes, con facultades extranormales que se han perdido -se supone- por el desarrollo sucesivo de la sique humana, del pensamiento lógico, etcétera.

Si en metapsíquica por aquello que tiene relación con los fenómenos "parafísicos" no se sabe todavía qué cosa pensar para explicar los fenómenos en la línea de la "percepción extrasensorial", incluida la precognición, se han formulado hipótesis que algunas veces traspasan las fronteras del espiritualismo. No se trata del "inconsciente colectivo" tan estimado por Jung, que en el fondo no lleva más allá del dominio sicológico, sino de una especie de "conciencia universal" que comprende el conocimiento perfecto de acontecimientos presentes, pasados y futuros. En este aspecto, autores como C. A. Mace y H. H. Price han mencionado hasta un *psychic aether* (que recuerda muy de cerca a la noción hindú del *akaca*), la designación más científica usada por la metasíquica más reciente que ha aceptado un semejante hipotético principio explicativo siendo sin embargo "campo PSI": un quid de carácter físico y psíquico al mismo tiempo que continuaría y excedería las condiciones de espacio y de tiempo. Gracias a los contactos con este campo los sujetos se vuelven capaces de percepciones extrasensoriales. Se nota, sin embargo, que tanto vale hablar de un "suprasensible", como admitir que se impongan nuevos exámenes que perturbarían demasiado el orden de los conceptos científicos que rigen y han sido establecidos en torno al espacio, el tiempo y la naturaleza[14].

Pero todo esto no tiene más que un interés teórico. Se admita o no este *quid* suprasensible, a nosotros nos interesa destacar que cuando también, en parte, se debiera pensar en los contactos de los sujetos con aquello, de acuerdo con lo que antes hemos aclarado y que aun la metasíquica ha reconocido, estos contactos se establecen, en los casos observados, en el subconsciente o en el inconsciente, en condiciones de una conciencia más o menos reducida, bajo una línea análoga a aquella de la mediumnidad y de la hipnosis, a lo largo de una dirección descendiente más bien que ascendente, por rebajarse al nivel síquico personal en lugar de una elevación del mismo hasta aquel de la superconciencia. El límite anteriormente dicho resulta por lo tanto conformado.

---

[14] Para estas diversas hipótesis, para lo relacionado con sus problemas y para una exhaustiva y actualizada reseña de todo lo que se ha afirmado hasta ahora sobre los fenómenos extranormales de la metapsíquica, cfr. M. RYZL, *Parasicología*, Edizioni Mediterranee, Roma, 1971.

III

Crítica al psicoanálisis

Con toda intención, después del espiritismo y las búsquedas síquicas, pasamos a considerar el sicoanálisis. El sicoanálisis, como exigencia general, habría podido contener un principio de superación en el aspecto particular de ambas corrientes.

En efecto, a manera de principio en esta disciplina no se trata nada más de acertar o provocar simplemente fenómenos síquicos; se desearía, en cambio, proceder con profundidad (de ahí la designación, algunas veces usada, de Psicología del profundo" Tielenpsychologie), para explorar la zona subterránea del alma con las fuerzas que ahí habitan y operan.

En el sicoanálisis, es verdad, no se consideran ya manifestaciones inusitadas como en la mediumnidad y en la metasíquica (han sido solamente algunas tentativas esporádicas recientes para aplicar el sicoanálisis también en este campo). El sicoanálisis ha tomado forma en et estudio de las neurosis, del histerismo y de otras perturbaciones síquicas, desarrollándose en un principio COMO una nueva rama de la sicoterapia moderna. Sin embargo, este círculo especializado ha sido sobrepasado rápidamente. Las concepciones sicoanalíticas han sido generalizadas con abusos, han sido consideradas válidas no sólo para casos clínicos en particular sino también para el hombre y para la vida del alma en general. De esto el rápido excederse de lo razonable en el sicoanálisis en dominios que con la medicina y la sicopatología no tiene nada que hacer; de aquí el esfuerzo por descubrir una fenomenología más o menos para neurópatas con fenómenos y manifestaciones culturales y sociales de toda índole, desde la moral, arte, sexología, religión, mitología, hasta la sociología y la política. Más que del asunto de una "psicología profunda" seria y rigurosa, se ha tratado precisamente de una aplicación abusiva de hipótesis y principios que los sicoanalistas se han formado en relación con casos patológicos: hipótesis y principios que en ellos, digámoslo así desde ahora, tienen exactamente la misma función obsesiva de aquellos "complejos" que tratan de descubrir bajo la conciencia ordinaria de vigilia de los neurópatas.

De esta manera el psicoanálisis encuentra el modo de adelantar interpretaciones erróneas y contaminantes (presentadas como análisis "realista" debido a un nuevo y más perspicaz examen) de una cantidad de fenómenos que son trasladados en sus raíces, a los bajos fondos del inconsciente. Con toda razón hay quien ha hablado, en este aspecto, de un "delirio de la interpretación", delirio en el sentido siquiátrico de manía, de "fijación"; o sea de suponer y de descubrir por todas partes intrigas turbias y sombrías: lo que vale también para los análisis individuales del sueño, impulsos, tendencias, etcétera, de las personas consideradas como normales.

Dejaremos aparte el sicoanálisis como simple sicoterapia. Se necesita que haya registrado y registre numerosos sucesos. Pero entre los sicólogos hay quien se pregunta si tales sucesos, prescindiendo de lo que es debido a la sugestionabilidad de los sujetos (como sucede en casi todas las sicoterapias), habrían podido conseguirse con procedimientos en los cuales no se tuvieran las mismas presuposiciones dogmáticas del sicoanálisis.

De cualquier modo, a nosotros aquí no nos interesa el campo terapéutico sino el antropológico, o sea la teoría sicoanalítica del hombre, el sicoanálisis como fenómeno cultural y sobre todo lo que el "clima" del sicoanálisis, sus sugerencias, su "ética" puedan provocar en una dirección no diversa de aquella de los peligros ya indicados por el neoespiritualismo. Nos dirigiremos sobre todo a la llamada escuela "oxtodoxa" del sicoanálisis o sea a las ideas principales de su fundador, Sigmund Freud. Las observaciones de otros sicoanalistas, tales como Adler, Jung y Reich las tendremos en cuenta sólo accesoriamente en el desarrollo de algún punto.

* * *

Hacemos notar, ante todo, que no es cierto que el sicoanálisis haya descubierto el inconsciente. La idea de una zona que, aun permaneciendo síquica, no está iluminada por la luz de la conciencia clara, había ya recibido el derecho de ciudadanía en la sicología moderna, especialmente después de los estudios sobre el hipnotismo y sobre las disociaciones de la personalidad. Y no sólo esto: no había sido ignorada por las antiguas doctrinas tradicionales; para citar un solo ejemplo, por aquellas a las cuales el yoga y la práctica budista se habían referido, introduciendo las nociones de los samskara y de los vasana), reconociendo al mismo inconsciente (sería mejor decir: al subconsciente) y otras muchas estratificaciones de la conciencia más amplias y profundas. Y no menos precisos eran aquí la exigencia y el método de una "exploración del profundo" llevada a cabo con el fin de arrojar luz a las zonas de la sique y en general, del ser, las cuales caen de ordinario fuera del campo más amplio de vigilancia de la conciencia.

Pero al descubrimiento moderno del subconsciente no le han faltado las controversias, polémicas dirigidas contra el intelectualismo de la época que nos ha precedido inmediatamente.

En efecto, la psicología de ese período se fundaba en la ficción de una vida del alma concentrada solamente sobre los fenómenos conscientes, aunque se tendía, en forma común, a darle-s una base material.

Además de las teorías solamente filosóficas, como las de Eduard von Hartmann, las primeras fórmulas de una sicología más comprensiva fueron más bien vagas y espiritualistas, como la de William James sobre el subconsciente en la diversidad de la experiencia religiosa y mística, o como aquellas del Myen sobre "sublimidad" (lo que está bajo el umbral de la conciencia).

Siguieron fórmulas más técnicas, y más que del subconsciente, se pasó a hablar del inconsciente. He aquí cómo se expresó Le Bon al respecto: "La vida intelectual consciente representa sé, lo una mínima parte con relación a la vida inconsciente del alma. El análisis más sutil, la observación más penetrante no alcanzan más que un número muy reducido de motivos conscientes de la vida del alma. Nuestros actos conscientes derivan de una subcapa inconsciente creada particularmente por influencias hereditarias. Dicha subcapa contiene numerosos vestigios atávicos por los cuales está constituida el alma de la raza. Detrás de la confesión de los motivos de nuestras acciones, existen sin lugar a duda motivos secretos inconfesados; y detrás de éstos se ocultan otros todavía más secretos que ni siquiera nosotros mismos conocemos. La mayoría de nuestras acciones diarias son solamente efecto de motivos escondidos que se nos escapan[15]. Ya aquí, por lo tanto, salta a la vista una reacción anti intelectualista por la cual se observa que una humanidad sana y normal, va visiblemente más allá de lo indicado. Otro punto que hay que poner de relieve en este descubrimiento moderna del subconsciente es la tendencia a darle un carácter hipostático, a concebirlo como una entidad distinta en tal forma que llega a crear un verdadero, y, propio dualismo del ser humano. Esto se manifiesta ya dondequiera que se habla precisamente del "inconsciente" en lugar del "subconsciente" o "preconsciente".

---

[15] G. LE BON, *La psychologie des foules*, París, 1909, p. 13.

Efectivamente, el inconsciente, como tal, no representa un grado de conciencia reducida, sino otro dominio, que por principio excluye la posibilidad de todo conocimiento directo. Esta escisión y acto de convertir una parte del ser humano en sustancia, características del sicoanálisis, habían asumido ya un carácter dinámico de enseñanza, como las de Coué y de Badouin. Si se habla aquí algunas veces del inconsciente y otras tantas del subconsciente, se da, en cada caso, un paso adelante en la dirección dualista ya qtie este principio es considerado como un ente que posee leyes propias y que casi siempre logra la victoria cuando el yo se pone en conflicto con él.

Según tales enseñanzas, hay un solo modo de influir sobre el subconsciente, y éste es el de sugestionarlo, cesando la voluntad y empleando la imaginación. A las sugestiones pasivas, a las cuales obedece una gran parte de la vida ordinaria del alma se trata de contraponer un método de la autosugestión consciente. ¡Qué desdicha si la voluntad afronta directamente el inconsciente y la imaginación! No sólo tendrá la peor parte, sino que la energía de su esfuerzo irá a reforzar al adversario ("ley del esfuerzo convertido"). Por todo esto, se contempla el camino peligroso ya sugerido. Si, como habíamos señalado, antes de haber sido "descubierta" por los modernos la "sublimidad" era conocida por los exploradores del alma de otros tiempos, ellos no habían creado por sí mismos un principio. De acuerdo con un simbolismo muy expresivo de ciertos testimonios medievales, el inconsciente y el subconsciente representan las dos partes de una espada rota que deben unirse, soldarse de nuevo para devolver su estado originario a un tipo humano superior. Las enseñanzas modernas, digámoslo ya desde ahora, se inclinan sólo a hacer más irritante la fractura y a invertir las relaciones jerárquicas entre los dos principios.

Volviendo a Freud, la característica de su doctrina descansa, en primer lugar, en colocar en el inconsciente la fuerza motriz principal de la sigue con términos, mecánicos y deterministas. Los impulsos, los instintos, los complejos del subsuelo síquico tendrían una "carga fatal" (el término técnico es *Besetzungsenergie*) lo cual debe descargarse, y si esto no sucede, todo el ser humano lo resentiría más o menos gravemente.

De aquí también la caracterización del inconsciente como *es* y la oposición fundamental entre el yo (das Ich) y el es[16]. El término *es* fue tomado de formas de la lengua alemana donde el pronombre impersonal *es* hace de sujeto en frases que expresan estados, movimientos y sensaciones simplemente vividas, con carácter de mayor o menor examen. Como ejemplo típico se puede tomar la frase *es treibt mich,* "me siento estimulado" o "transportado", porque- el verbo treiben impulsar, inducir viene a la expresión *trieb* impulso, fuerza de instinto, siempre usada en el sicoanálisis para designar el modo de manifestar y de actuar del *es*.

En términos de análisis lexicográficos es evidente, pues, que la inversión de valores que caracteriza al sicoanálisis freudiano: es, el inconsciente, es el sujeto, el *agente*; el yo que se convierte en objeto al sufrir la acción. Por lo tanto el sicoanálisis no sólo ve en el *es* la fuerza primaria de la persona humana, sino también las relaciones entre él y el yo que concibe en la porción de una pura *causalidad*, como algo semejante en la vida síquica a la necesidad o coerción que se puede experimentar de lo exterior por parte de una fuerza física.

Triebe, los impulsos, los dinamismos y los "complejos del es" impulsan y operan de este modo. Como se ha dicho, son fuerzas que, de un modo o de otro, deben tener su manifestación, deben resolver su "carga".

En segundo lugar, la característica del freudismo consiste en ver en la líbido, en el impulso al placer (*lustprinzip*), que tiene su

---

[16] S. FREUD, Ich und Es, Viena, 1923.

manifestación más notable en lo sexual, el tronco fundamental del inconsciente. Y aquí interviene toda la mitología de los complejos" que cada hombre, más o menos ineludiblemente, sabiéndolo o no, albergaría en sí mismo, a partir del famosa complejo de Edipo y de todos los otros producidos por una interpretación más o menos fantástica y siempre con la llave sexual de la vida del niño (y también de ciertas costumbres de los salvajes, como la iniciada en el libro Tótem y tabú), creados por figuras atávicas del inconsciente humano, individual o (sobre todo en las teorías de Jung) colectivo.

La posición característica del freudismo es el desconocimiento, en el hombre, de la presencia y del poder de cualquier centro espiritual soberano, en conclusión, del yo, como tal. De frente al inconsciente el yo queda desautorizado. El aceptarlo en principio capaz de reconocer verdaderos valores y de dar normas autónomas, sería una ilusión y llegado el caso, el producto de un "complejo". Aquello que generalmente obra en el hombre al nivel consciente moral es el llamado "superyo", el cual se define por la "introspección" (de las actuaciones propias como una segunda naturaleza artificial) de todas las prohibiciones, tabúes, limitaciones existentes en el ambiente, por una acción de censura, de bloqueo y de represión de las demandas del inconsciente.

Una especie de títere conforme y un tanto histórico es quien toma el lugar del verdadero yo. Y en su construcción, como ya se ha señalado, puede tener lugar hasta la manifestación de un 6 a complejo" (complejo de Narciso o complejo autístico") procedente de la primera infancia, de la fase del erotismo infantil, cuando el niño (según las suposiciones del sicoanálisis) satisfacía por sí mismo, sin recurrir a ninguna otra persona, su libido, alcanzando un sentido de autosuficiencia y casi diríamos de autarquía.

Desde otro punto de vista este complejo puede ser un factor fundamental en la exasperación o forma-límite del sentido del yo al que Freud llama *Ich-deal* ("ideal del yo"): los valores y normas externas "percibidas" son afirmadas en forma absoluta, despóticamente, con un libido sui géneris (especial). Y así puede producirse el sentido ilusorio de la autonomía del yo y una oposición entre el yo y lo que el hombre, en relación con otras y más auténticas expresiones del es y de la libido es efectivamente[17]. De otro modo, al principio consciente no le queda más que la función de una especie de procurador de la parte instintiva del propio ser. Mientras el binomio superyo e inconsciente (o libido) sería el que definiera la estructura fundamental del hombre, el contraste entre el uno y el otro daría la llave para la interpretación no sólo de hechos neuróticos típicos sino también de múltiples modos de conducirse que se consideran normales.

Como se ha dicho, las "cargas" del inconsciente deben descargarse. Así, la única alternativa consiste en guiar los correspondientes impulsos de manera que su explicación para ir en contra de las exigencias del ambiente y de la realidad social (de la que interiormente también el suba se convierte en vengador) no lleve a consecuencias indeseables y hasta desastrosas. A este respecto, su modus vivendi es ofrecido por su satisfacción traspuesta: desviar los impulsos de sus fines inmediatos, para dirigirlos hacia otros objetos, fines o personas, que hagan sus veces y que sean de tal índole que no susciten graves conflictos. Así es el régimen de "las trasposiciones" y de las "sublimaciones". Por ejemplo, quien tenga que combatir, supongamos, con el complejo incestuoso puede "descargarse", desviando la "carga" de su líbido sobre la patria concebida como una "madre". Gran parte de estos procesos de sustitución se

---

[17] L'Ich-Ideal, o "ideal del yo", en su pretensión de suficiencia recoge todas las exigencias del ambiente que el yo no puede satisfacer: de esta manera el yo, no contento de sí mismo, puede encontrar en el "ideal del yo" diferenciando de él la satisfacción que no sabe encontrar en sí mismo. El sentimiento de culpa no sería más que una expresión de la tensión entre el yo y el "ideal del yo".

desenvuelven en el inconsciente; el individuo no se da cuenta y cree que obedece a sentimientos nobles y a fines superiores, hasta que el sicoanálisis le abre los ojos. Si en cambio, o por la acción inhibitorio aunque inconsciente, del superyo, y por la "angustia social" que en particular se demuestra, y por los obstáculos del ambiente, se opone a los impulsos y los reprime, éstos vuelven a entrar en el inconsciente, se atrincheran ahí enriqueciéndolo con nuevos complejos o bien despertando a otros latentes, presentes, ya sean como una arcaica herencia, o bien como articulaciones de la libido infantil[18]. Situaciones de este género envenenan la vida consciente con diversos grados de neurosis. Eventualmente interviene lo que Freud ha llamado el "principio del nirvana": se busca refugio en evasiones que permiten sustraerse a tensiones insoportables (el sicoanálisis hace un uso semejante y grotesco del concepto budista metafísico del nirvana, presumiendo quizá de explicar también el nacimiento con relación al sexo). En muchos otros casos se juega simplemente con todo esto, porque los impulsos del subsuelo psíquico se satisfacen a pesar de todo y obran como en las experiencias del sueño, cuando las facultades de control y de censura del yo consciente vienen reducidas o suspendidas. En otros casos aun intervienen activamente en el sentido de provocar ellos mismos una exclusión de la conciencia o de la memoria[19], e incluso hasta disturbios sicofísicos. Más

---

[18] Un punto principal del sicoanálisis freudiano es la llamada "per. versión infantil polimorfa": tesis que, si acaso fuera justa, lograría hasta simpatía como reactivo a la actitud fastidiosa y burguesa del culto al niño, al ver en cada infante un "angelito". Para Freud, el niño deja entrever, aunque sea en una forma inconsciente y embrional, distintas variantes de la libido, que lo hacen aparecer unilateral, en su comparación con todo adulto pervertido. Y eso pertenecería a la herencia del "inconsciente" que cada uno lleva en sí y que en las llamadas "regresiones" sería susceptibles de reactivarse.

[19] En el sueño, según el freudismo, no hay nada o casi nada que sea casual. En las imágenes y en las acciones del sueño se manifiestan o satisfacen los impulsos reprimidos durante la vida despierta. La insignificancia o la incoherencia de estas imágenes o acciones son disfraces para eludir la "censura" y facilitar el contrabando. En otros casos sucede que es sueño o parte del mismo ni siquiera

normalmente esperan el momento oportuno para ponerse una máscara y "proceder" como quieren y descargar su energía de cualquier modo, y en algunos casos mediante el procedimiento de las sublimaciones.

Además, existen las posibilidades que ofrecen las "situaciones de multitud". Siguiendo a Le Bon, Freud resalta que en tales situaciones, cada uno, sintiéndose conjunto pierde la "angustia social" y con ella el sentido de la propia impotencia de frente al ambiente y de la propia responsabilidad, lo cual permite a los impulsos reprimidos salir con ímpetu en su forma originaria.

En este contexto, se puede hacer también alusión al sicoanálisis de Adler (llamado por él sicología individual). Aquí el punto de referencia es diverso, está constituido por el *geltungstrieb*, es decir, por el impulso de cada uno, de valor, para afirmarse, pero con mecanismos análogos inconscientes que intervienen cuando está bloqueado por las condiciones del ambiente, por la propia situación o por la propia debilidad. Nacen entonces los famosos "complejos de inferioridad", los cuales desempeñan la función de coartadas falsas con el fin de autojustificarse, o se recurre a las compensaciones en alto grado, o a invertir el orden en las afirmaciones de dicho impulso, que pretenden ocultar en sí misma la propia impotencia en una o en otra situación y le impiden obrar.

Como un ejemplo humorístico del punto al cual se puede llegar en esta línea, una alumna de Freud y de Adler ha sicoanalizado la pretensión, para ella absurda, de superioridad del hombre respecto de la mujer y el despotismo masculino en la historia de la civilización. La base de todo esto sería neurópata,

---

sea recordado; es decir, se inhibe la memoria. Son procesos que, según el sicoanálisis, se repiten en grado diverso, en la vida diurna del alma y después culminan en las experiencias de los neuróticos.

histérica. Se trata de una "supercompensación" neurótico debida a un inconsciente "complejo de inferioridad" que deriva del hecho de que, a diferencia de la mujer, el hombre no es capaz de entregarse ininterrumpidamente al acto sexual. Para compensar este sentimiento de penosa inferioridad respecto de la mujer, el hombre se crea la pretensión de una superioridad en otros campos y se constituye histéricamente en el "sexo fuerte" y dominante[20].

Volviendo a la antropología general del freudismo, de cuanto se ha dicho se colige que no existen propiamente para ella conflictos éticos. Cada conflicto del alma pierde todo carácter ético y se revela como la consecuencia de un hecho histérico. Cuando la personalidad consciente advierte y combate los impulsos de la otra parte de sí misma, no se tiene de ninguna manera la manifestación de una ley superior sino una especie de conflicto en familia o de choque entre complejos, porque, como se ha dicho, cuando el yo piensa obrar por sí mismo a manera de un legislador autónomo y despótico sufre el efecto de una variedad autosádica del mismo complejo: aun en los casos en los que afronta una catástrofe o la muerte al mantenerse firme, se engaña, es impulsado, actúa él, sino es él es quien actúa en él. Ahí donde no hay, en la vida del alma, discordia y neurastenia explícita, subsiste siempre, sin embargo, la posibilidad de que el yo pueda gozar de paz y de armonía pero solamente sobre la base de adaptaciones, trasposiciones y sublimaciones ocurridas más o menos inconscientemente. Pero es suficiente un trauma para que se produzca la "regresión", es decir para que de los impulsos y complejos se reaviven en sus expresiones, fines y objetos originarios.[21]

---

[20] S. LAZERSFELD, *Wie die frau den Man erlebt*, Viena, 1929.
[21] Por ejemplo, las formas de ternura para el freudismo no son más que trasposiciones o disoluciones de impulsos que, en el momento de una crisis, "retroceden" y toman la forma de instintos incestuosos, homosexuales,

Después de esto, se puede proceder a dar realce a cualquier punto de critica fundamental. Y antes que todo sobre la caracterización freudiana como libido del tronco principal del inconsciente. A Freud se le ha acusado de "pansexualismo". Él a veces, ha tratado de justificarse; ha escrito: "Llamamos libido a la energía cuantitativa, hasta el presente incapaz de ser medida, de aquellos impulsos que guardan relación con todo lo que puede compendiarse en la palabra amor". Él dice que se trata también del amor de los poetas y de la afición por objetos concretos o por ideas abstractas. Pero añade inmediatamente que la "investigación sicoanalítica nos ha enseñado que todas estas inclinaciones son la expresión de las mismas excitaciones repulsivas (*triebregungen*) que, entre los dos sexos, estimulan a la unión sexual, las que en otras circunstancias pueden ser reprimidas respecto a su finalidad sexual, o detenidas en el mismo momento de lograr su objeto pero que a pesar de todo conservan siempre bastante de su naturaleza primitiva y su identidad sigue siendo bien conocida"[22].

Estando así las cosas, cuando Freud dice que quien quiera, quien prefiera una expresión menos cruda, y en lugar de la libido hable de eros en el sentido general platónico, es evidente que juega con el equívoco. Y en realidad, todo aquello que él nos cuenta sobre el origen de los complejos fundamentales ya sea en la vida infantil como en la de los salvajes, y de la "horda más antigua", carece de base sin la más insignificante relación entre la libido y la sexualidad[23].

---

narcisismo-homicida y así por el estilo.
[22] S. FREUD, *Masionpsychologie und leh*, Leipzig-Viena-Zürich, 1921, pp. 43-44.
[23] Sobre el pansexualismo sin los velos de los ambientes psicoanalistas, un discípulo de Freud, Silberer, como lema de un libro dedicado a la interpretación sicoanalista de los símbolos y de los mitos ha puesto una genial variante de las primeras palabras del Evangelio de San Juan: no "en el principio existía el Verbo" sino "Im anfang war penis und vulva", es decir, "en el Principio existían los órganos genitales del macho y de la hembra".

De hecho, el sicoanálisis, en su parte esencial, se resuelve en una interpretación general de la existencia individual y colectiva con llave en la sexualidad, tanto que se podría decir que sólo llega a la mente de una persona en la cual el sexo constituye la única y absoluta idea.

En el freudismo se ha reflejado aquella pandemia u obsesión del sexo que tiene gran cabida en la época contemporánea y precisamente a eso debe gran parte de su éxito sirviendo a su vez de colaborador y marco seudocíentíficos. Para los sicoanalistas "ortodoxos" el sexo es una verdadera idea fija, algo como un *trieb* o un complejo de su es que los empuja coactivamente y les impide ver otra cosa; de la misma manera aquellos dicen que una función del es inhibe la conciencia del neurótico, e impide que vea y reconozca lo que le desagrada. Precisamente esto debe decirse y con decisión, cuando los psicoanalistas llegan a sostener, con mucho descaro, que cada oposición a su doctrina significa que ella ha dado en el blanco, que cada objeción manifiesta una resistencia interna que el antisicoanalista no podría vencer, sin antes tratar, en tales casos, de ser psicoanalizado él mismo. Exactamente lo contrario es lo verdadero.

Aquí no se trata de negar o debatir toda la parte que el sexo tiene en la existencia humana. Se trata en cambio, en primer lugar, de los límites, sin respetar los cuales, las interpretaciones sexuales son absurdas y contaminantes. En segundo lugar, se trata de reconocer que Freud ha dado a conocer solamente el sexo en sus apariencias más bajas y oscuras (y hasta sucias) en sus efectivos aspectos subpersonales, en el cuadro de una especie de demonolatría del sexo y de la libido.

Por otra parte, el sexo tiene también una dimensión diferente, además de los aspectos de una fuerza elemental del subsuelo síquico, la dimensión de una posible trascendencia, que puede especificarse mediante un análisis conveniente, verdaderamente profundo, de varios fenómenos significativos de la misma corriente erótica a la vez que ha sido reconocido explícitamente en múltiples tradiciones, a tal punto que han llegado a atribuir al sexo posibilidades sagradas, místico-estáticas y mágicas en términos totalmente diversos de las trasposiciones y sublimaciones consideradas por el sicoanálisis, en vista de que la esencia es aquí algo verdaderamente elemental y precisamente trascendente: trascendencia de orden casi metafísico y no aquella de la transporta al individuo. Y una metafísica del sexo puede llegar hasta reconocer que las formas más turbias, más bajas, del sexo, son una degradación involutiva de aquel superior impulso[24].

Así se, contempla que, mientras por una parte el freudismo va más allá del límite, cuando se entrega a una hermenéutica de tipo sexual generalizada en el campo de la sique humana, por otra parte se detiene a mitad del camino reconociendo sólo una parte del sexo, confundiendo el resto con esta parte, o reduciendo a eso el resto. Cierta ampliación de horizontes ha sido intentada por un ex discípulo de Freud, Wilhelm Reich. En un cierto modo, elevó al sexo de las bajezas de la casuística freudiana y le dio una energía con carácter casi cósmico, a la que llamó "orgón" o energía orgiástica (porque en el orgasmo se manifiesta al desnudo), aplicando siempre la teoría sicoanalítica de los bloqueos, de las represiones y de las "corazas" patógenas que el yo se echa encima para protegerse de ella. Pero esta ampliación es más cuantitativa e intensiva que cualitativa: en sustancia, la calidad "inferior" de la sexualidad concebida a le, freudiano permanece y la desautorización de todo poder superior de la sique se acentúa más.

Hay que considerar otros dos puntos. Si el freudismo diera a la líbido un carácter generalizado, podría estar en ventaja

---

[24] Acerca de todo esto, cfr., nuestro libro intitulado *Metafísica del Sesso*, *Metafísica del Sexo*, Omnia Veritas.

respecto de las concepciones más vagas y espiritualistas de la raíz fundamental de la vida subterránea prepersonal, propias de otros caminos del psicoanálisis "no ortodoxos", porque se daría la posibilidad de retroceder a una enseñanza tradicional fundamental, a la idea de que el "deseo", o "ansia" es la raíz de toda la vida "natural". A este respecto es necesario, sin embargo, volver a un plano metafísico. Aquella alteración profunda, aquella crisis y aquella turbación irracional donde el espíritu cesó de "ser" el mismo para perderse en el gozo de sí mismo y en la identificación con el deseo, precisamente en el campo metafísico, prenatal y de preconcepción, fue considerado ya en Occidente (por ejemplo exégesis neoplatónicas del mito de Narciso); ya en Oriente (particularmente en el budismo), como el principio y la fuerza, o dynamis, que lleva en el mundo condicional y, en un caso particular, al nacimiento, lo mismo que al hombre mortal. Si en correspondencia se afirma que el "deseo" es el sustrato de la vida mortal en general, no se limitan los aspectos subjetivos del mismo, ni al caso especial de la sexualidad, ni a otras formas del campo afectivo y pasional, pero se reconoce una fuerza elemental, un es, que actúa con el mismo conocimiento de las cosas, con la misma experiencia del mundo externo: bhoga, término sánskrito que significa disfrutar, gozar del objeto de un deseo, constituye el cuadro en el cual se plasma la experiencia humana en el sentido más general de la palabra. Ya toda percepción contiene *kama* (deseo) y *bhoga*: es una identificación según el deseo o "ambición" del que conoce con el conocido, es un turbio y ávido mezclarse de los dos que provoca la calda inicial alegorizada por el mito de Narciso. Este hombre no sabe qué cosa pueda ser conocimiento puro, ni de sí mismo, ni de las cosas.[25] Por otra parte, en la creencia cristiana de lo pecaminoso o concupiscencia original, no exenta de relación con la

---

[25] Cfr. por ejemplo, *Bhagavad-Gita*, III, 39-40: "El conocimiento confuso nace de aquello que, bajo de deseo, es un fuego insaciable ... reside en los sentidos, en la inteligencia y en la razón y, por medio de estas confusión el conocimiento altera al espíritu".

sexualidad, que desde Adán llevaron consigo los hombres, y que fuera la base de todas sus obras "naturales" hasta que ellos "volvieran a nacer" y "fueran redimidos", aunque sea en forma moral religiosa y no metafísica, se podría encontrar la huella de la misma enseñanza.

Por consiguiente parece que con el "pansexualismo", con la teoría del es o libido sexualizada, el freudismo toma una vez más la parte por el todo, lo derivado por lo original. En el cuadro señalado, la sexualidad no constituye ciertamente más que un episodio en relación con algo mucho más vasto y si se quiere, mucho más peligroso. Por lo mismo es significativo que solamente en los términos primitivos de la teoría freudiana de la libido se haya tenido hoy un presentimiento de esa verdad.

Hay otro punto que amerita precisión en el campo sexual. Contra la acusación del pansexualismo se adelanta también que Freud en un segundo tiempo reconoció que en el inconsciente, además del *lustprinzip* y del impulso al placer de la libido, actúa también un *todestrieb*, un impulso a la muerte, que revela una tendencia general de lo orgánico para volver al estancamiento del mundo inorgánico. De una manera más general, se trata de un impulso a la destrucción[26]. La temática, aquí, no es del todo clara, y los discípulos de Freud ni siquiera la han desarrollado en un sentido único. En tono de superioridad, Freud sostuvo que un impulso es independiente del otro, pero no hasta el punto de que el segundo no tenga valores sexuales. En efecto, tal impulso le ha servido para explicar los fenómenos del sadismo y del masoquismo: si en su explicación el impulso destructivo se dirige sobre el mismo sujeto, eso da lugar a la tendencia masoquista, pero si se dirige sobre otros, entonces la tendencia es sádica.

Pero algunos sicoanalistas pretenden que el segundo

---

[26] S. FREUD, *Jenseits des Lustprinzips*, Viena, 1920.

impulso deriva del primero; sería la represión del impulso al placer, a dar lugar neuróticamente al impulso destructivo, como en una especie de ira. La forma introvertido autodestructiva vuelve a llevarnos al ya señalado "principio del nirvana". Se pasa, además, a generalizaciones más amplias, porque todo aquello que es agresividad se refiere a "descargas" impuestas por incitación al placer (según Reich: por la energía orgiástica), cuando se reprime v se orienta, por varias causas, en sentido del impulso destructivo.

No faltan las aplicaciones en los campos tipológico, sociológico y sociopolítico: la tendencia a la autoridad, al poder, al dominio, al despotismo ha sido atribuida a la manifestación sádica de aquel impulso; mientras que a la masoquista se refiere, la tendencia a obedecer, a aceptar, a servir, a sacrificarse. De esta manera después de Freud han sido descontadas, francamente, como llave de represión y de patología sexual, las dos componentes complementarias, que constituirían la base esencial de todo sistema no democrática En este mismo dominio de las aplicaciones sociopolíticas se puede también advertir que otro autor, recientemente muy ensalzado, Herbert Marcuse, después de haber criticado el sistema actual de las sociedades industriales Y consumidoras altamente desarrolladas, ha buscado la forma de indicar (en su libro *Eros y civilización*) los fundamentos de la sociedad que debería sustituirlo, liberando al hombre; él se ha mantenido estrechamente apegado a los más ortodoxos presupuestos del freudismo, al doble impulso al placer y a la destrucción, a sus derivados y a desahogos ofrecidos de una parte por las sublimaciones, y de otra por el debilitamiento del sistema represivo. Se ve, así, hasta donde puede llegar la influencia que distorsiona y confunde en las ideas fijas freudianas y parafreudianas.

Volviendo al campo sicológico, la admisión del segundo impulso, del *todestrieb*, puede constituir un paso adelante, un estudio más intenso sobre el erotismo, siempre y cuando no se le separe del mismo impulso al placer; por el contrario, se le vea actuar mezclado en diverso grado con esto último, poniendo entonces una parte de su pretendida procedencia de las represiones. Es una verdad profunda que toda libido sexual, todo deseo ansioso, ya en sí "ambivalente", o sea que contiene también una carga inconsciente destructivo y "mortal"; tiende, sin embargo, en un sentido diverso a una destrucción y a una hemóstasis análoga a aquella del mundo inorgánico. En toda voluptuosidad suficientemente intensa hay una voluptuosidad de autodestrucción y de la destrucción: una manifestación extrínseca, ya de odio, ya de amor.[27] Es por esto, como ya lo hemos dicho en otro lugar, al tratar de toda esta fenomenología,[28] que en el antiguo mundo romano Venus así como *Libitima* (la misma raíz de libido) eran, a un tiempo, como divinidades del amor sexual y de la muerte; que se le daba el mismo valor a Príapo; que en el dionisismo es notable la mescolanza de la voluptuosidad orgiástica con un paroxismo destructivo y autodestructivo; y, finalmente, en Oriente, Kama, Mara y Durga eran divinidades, ora del deseo, ora de la muerte.

Pueden, entonces, ser indicadas de nuevo enseñanzas de un orden superior, y dar sólo una confusa idea del sicoanálisis. Ahora bien, si es a este orden superior de ideas relacionadas con la libido y con el resto al que nos hemos referido, saliendo del campo de las elevaciones puramente humanas y más bien neuropáticas del sexo en las cuales el freudismo se ha encerrado, se podría reconocer que varios aspectos de su crítica realista, que parece de esta manera iconoclasta, podrían tener también una justificación, a su tendencia, si se quiere, inconsciente.

---

[27] Y del mismo modo, ya sea la tendencia sádica o la masoquista se manifiestan como elementos congénitos de la misma libido sexual, no son "derivados", sino que forman parte de su misma esencia. Tienen un carácter de desviaciones sólo cuando se absolutizan condicionando todo el proceso erótico.

[28] Cfr. nuestro libro ya citado *Metafisica del Sesso. Metafísica del Sexo*, Omnia Veritas.

En efecto, el primer paso en un desarrollo verdaderamente espiritual, está en percatarse de la no-espiritualidad de muchas cosas que los hombres consideran espirituales, en reconocer exactamente que las trasposiciones, sublimaciones y los equivalentes tienen muy poco que hacer con la naturaleza superior del ser.

Esto es absolutamente válido en el marco de una civilización de tipo enteramente "humano" como es la moderna, de tal manera que en ella sólo son demasiados los "valores" susceptibles de ser explicados sobre la base de una deducción semejante a la sicoanalítica: ciertamente aparecen refugios y compensaciones de fuerza reprimidas y sobre todo de la impotencia y del miedo de cada uno frente a la realidad y así mismo. Las limitaciones impuestas por los convencionalismos sociales y por todas las hipocresías de la moral occidental hacen el resto: y la necesidad se transforma en virtud, la debilidad toma nombre de fuerza y de carácter, mientras a través del estado de escisión, de contraste y de insuficiencia respecto a las fuerzas profundas de la vida, hoy mucho más están en obra los procesos subconscientes generadores de neurosis, de supercompensaciones, de propios histerismos y traumas síquicos.

Poner a la vista todas estas superestructuras seudoespirituales, para dejar al desnudo la fuerza subterránea de nuestra vida más profunda y subconsciente podría ser un principio para quien se mantuviera firme en una voluntad absoluta de superación. Desde luego, no es éste, de un modo positivo, el caso del sicoanálisis; como la mediumnidad, que una vez abierta la puerta de los "estratos inferiores" no ofrece ningún medio de defensa, ningún método de control eficaz. Por esto constituye un peligro para la mayoría.

Efectivamente, dada la inconsistencia del hombre de hoy, los caminos, en general, se reducen a dos: o volver a entrar, ya sea en forma consciente, comprometido por las transposiciones, sublimaciones, o por otros caminos de evasiones y compensaciones; o bien, responsabilizarse de los impulsos de la libido y del es, convirtiéndose en el procurador, en el instrumento, en el cómplice racional para la satisfacción directa de éstos. Ambos caminos representan una abdicación. El sicoanálisis no sabe aconsejar otra cosa. El segundo camino es el sostenido, sobre todo por la corriente de Adler, la cual quisiera que el yo, eliminado todo complejo de inferioridad, asumiera la responsabilidad, y se afirmara en el ambiente de la voluntad, para plasmarlo de acuerdo con ella. Pero, dadas las premisas, ¿qué sentido puede tener la "responsabilidad" y la "voluntad" creadora"? Ahí donde falta la idea de la personalidad como un principio autónomo superior al orden de lo natural, todo eso aparece desprovisto de fundamento. Más bien, la instancia "terapéutica" puede dar lugar a la social o revolucionaria. Es la dirección que Reich y sus secuaces han seguido más recientemente, polemizando con Freud. Reich ha hecho notar, con inobjetable coherencia, que si la primera causa de la vida neurótico (de aquella verdadera y propia y de aquella que el sicoanálisis generalizado atribuye a múltiples comportamientos del hombre) es la "represión" impuesta por el "sistema" del ambiente y por las ideas del ambiente, no se trata de dar largas a un asunto con soluciones a medias, con el paliativo de adaptaciones individuales, que dejan subsistir la primera causa, objetiva y social, del mal, sino de destruirla en su misma sede, destruyendo asimismo las estructuras y los ordenamientos del sistema vigente, que por el contrario, Freud reconoce y respeta temerosamente: aquí es donde está el paso a la abierta contestación y a la revolución, indicada como la verdadera terapia radical y general. Y de la forma citada, de la llamada "revolución sexual" de la cual Reich precisamente es el principal apóstol, sería necesario pasar a ulteriores movimientos, desbordamientos anárquicos, de los que la sociedad "represiva" da siempre más lugar a una sociedad permisivo".

El problema de una separación de lo que no se proclame como "todo es lícito" no se ha rozado siquiera; parece que con una ingenuidad casi rousseauniana (elevado, por otra parte, también por el anarquismo clásico) se piensa que todo aquello que emerge del subsuelo humano y del inconsciente, cuando cada dique viene removido, sea solamente agradable, bello, sano, de cualquier modo, con tal de que deje subsistir la posibilidad de algún orden social positivo. A decir verdad, Freud a este respecto, es más realista al reconocer el carácter turbio de aquello que prevalece en el subsuelo psíquico de la mayoría de los hombres; admite también el límite impuesto por lo que ha llamado el "principio de la realidad".

Pero el punto más importante puede ser indicado por lo ya dicho: que el ser "desencadenados" no significa de ninguna manera ser libres, y mostrar las situaciones en las cuales la parte contraria interior de las instancias contendientes y revolucionarias, más bien la premisa evidente de ellas, es una capitulación; no puede llamarse de otra manera la identificación con el propio ser subracional e instintivo, restituirse a ello deliberadamente y sin inhibiciones, como solución de la crisis. A este respecto, en los dominios psicológico y sicoanalítico, entra en cuestión la corriente de C. G. Jung, considerado como el "espiritualista" entre los sicoanalistas, ya que su moral, hasta adornada de matices de espiritualidad que la hacen aceptable a aquellos a quienes las opiniones de Freud parecen demasiado crudas, consiste en que el yo debe "entenderse" como el es y el hombre como el inconsciente ya sea individual, ya sea arcaico-colectivo, mediante una armonía y una especie de aproximación al límite entre ambos. No se puede hablar de una superación del límite, porque el motivo es siempre que el "otro" es un inconsciente y no un subconsciente. Dejemos hablar al propio Jung: "Despójate de todo aquello que tienes y entonces recibirás... en virtud de este antiguo precepto místico es necesario abandonar lo mejor de las ilusiones más queridas. Solamente entonces algo mucho más bello, más profundo y más comprensivo se desarrollará, porque sólo el misterio del sacrificio de sí mismo, permite encontrarse de nuevo con un alma renovada. Son preceptos de una sabiduría muy antigua que vuelven a ver la luz en el tratamiento sicoanalítico y es curioso sobre todo constar que, llegados al nivel actual de nuestra civilización, tengamos precisamente necesidad de aquella especie de educación síquica que, en más de un punto, es comparable con la técnica de Sócrates"[29]. Éstas son bellas palabras. Veamos sin embargo cuál es su verdadero sentido. Aunque Jung evite el radicalismo freudiano de la libido y dé al inconsciente colectivo los caracteres indeterminada, de "vida", la situación no es diversa, pues esta vida se entiende como una realidad por sí misma y como elemento primario, y en ella deberá "integrarse" un yo, el cual, de otra manera sería "de arraigado", apartando el centro de gravedad hacia "un punto virtual situado entre el consciente y lo inconsciente"[30]. Esta es también la esencia de lo que Jung llama "el proceso de individualismo" teniendo por llave el *mysterium conjunctionis* (el misterio de la unión), expresión, para él, de un pensamiento todavía místico que "científicamente" haría alusión a las nupcias, a la unión, entre el consciente y lo inconsciente. Y es también característico que hasta tal unión o perfección, que sería oscurecida por las imágenes divinas ideales de las religiones tendía, para Jung un carácter coactivo e impulsaría hacia ella una fuerza lista a vengarse de un "arquetipo", de un es, teniendo la conciencia aún aquí una parte pasiva, en lugar de tratarse de una excepcional y libre vocación.

He aquí el verdadero sentido del misterio sicoanalítico del sacrificio, de la renuncia "de lo mejor de las ilusiones más queridas" que permitiría "volver a encontrarse con un alma renovada". Y ésta sería la revalorización moderna de los

---

[29] C. G. JUNG, *L'Inconscient dans le vie psychique normale et anormale*, París, 1928, p. 43.
[30] Cfr. JUNG, *Introd. a Das Geheimnis der goldenen Blüte*, München, 1929, pp. 35-60. Para una crítica más profunda y exhaustiva sobre los escritos de jung cfr. el ensayo contenido en la obra colectiva *Introduzione alla Magia* (3a. ed., Edizioni Mediterraneo, Roma, 1971, v. III, . 383 ss.)

"preceptos de una sabiduría antiquísima". Sí debiéramos describir un método de la obsesión, no se necesitarían palabras demasiado distintas de las ya dichas. Es la solución de la discordia obtenida con la derrota, con el término de toda tensión moral. Y el sentido de liberación y de satisfacción proporcionado por la *détente*, por la descarga del peso del yo y por la tarea de la forma espiritual y de la autonomía se cambia por el sentido de una "conciencia desasida" y por el respiro de una existencia "más bella, profunda y comprensiva".

Sobre estos temas hablaremos de nuevo en capítulos sucesivos. Mientras tanto, es importante por ahora advertir que en la práctica psicoanalítica el sicoanalista hace más o menos el papel que el maestro espiritual desempeñaba frente al discípulo y el confesor con el penitente e interviene activamente, ayuda al sujeto a realizar este sacrificio de sí mismo y esta catarsis dentro de las variedades de la técnica del *transfert*, del cual trataremos después. Guénon no se- equivocó, pues, al ver en esta práctica algo de diabólico. En realidad, quien supiera escudriñar detrás de los bastidores de lo sensible podría percibir, en el punto en el cual los sujetos se sienten liberados en virtud de la catarsis sicoanalítica, la misma risa burlona que sorprendería ahí donde los espiritistas toman los fenómenos mediumnímicos por revelaciones de un mundo superior, y las larvas por espíritus.

Sin embargo, para volver al punto del cual partimos al considerar el estado interno del hombre moderno, es difícil concebir para él la posibilidad de evitar las abdicaciones ya dichas, una vez que el psicoanálisis le haya abierto los ojos.

En general, se provoca una crisis que en la mayoría de los casos puede tener solamente una solución negativa. Se sabe que despertar a un sonámbulo que camina a la orilla de un barranco es el mejor medio para hacerlo precipitar en él. La ignorancia, en algunos casos, es una fuerza: removerla para superar cualquier forma patológica de contraste entre el yo y el subconsciente, no quiere decir que se le pueda llamar en todos los demás casos en los cuales sería saludable dejar a la personalidad una ilusión de autonomía, puesto que dicha ilusión puede ser pragmáticamente eficaz y, dadas ciertas premisas, puede servir de base para un desarrollo superior.

Además la atención sicoanalíticamente llamada y concentrada sobre las raíces de la voluntad de placer o de muerte, juntamente con todas las sugestiones de un orden demoniaco-sexual[31] produce una verdadera fascinación, que multiplica las vías de acceso a los ya debilitados rincones del yo y propicia la elevación de influencias más oscuras y contaminantes en acecho bajo los umbrales de la conciencia, en el subconsciente. Las fuerzas de estas observaciones aumentan cuando el sicoanálisis se convierte en un estado de ánimo que, como sucede en ciertos ambientes, participa de lo colectivo y cuando desemboca en aplicaciones sociológicas e ideológicas de la especie de las ya mencionadas. He aquí pues el preciso punto de referencia: *aparte de algunos casos especialísimos de sicoterapia, el sicoanálisis es un peligro cuando no antepone a sí mismo una disciplina dispuesta a formar una unidad espiritual, una personalidad verdadera en lugar de la exterior e inconsciente creada por las convenciones sociales, por la educación por el ambiente, por la herencia, y aun por los fragmentos mediocres de un deseo emprendido y familiarizado con los desahogos histéricos de tipo propio. En oras palabras: el sicoanálisis como Psicología de profundidad puede tener un valor positivo solamente citando es precedida por una especie de ascética, la*

---

[31] Hasta dónde se llega con la teoría de la "censura" que inhibiría la conciencia y la memoria, se puede ver en este ejemplo. Un psicoanalista puede preguntarles con toda seriedad si no han experimentado nunca sentimientos incestuosos u homosexuales, ni siquiera en imágenes del sueño. Si responde que no, puede suceder que se les juzgue como un "caso grave": si nada semejase a ello ha venido a aflorar a su conciencia, quiere decir que aquellos impulsos so- tan fuertes que imponen medidas radicales de censura, de tal manera que nada llega a la conciencia. Hay que pensar hasta dónde puede ser llevado por este camino quien sea fácilmente propenso a sugestionarse.

cual, a su vez, aparece inconcebible, privada de cualquier punto de apoyo, citando primeramente no se rechace la antropología freudiana, la concepción freudiana del hombre que, como se ha visto, está caracterizada por la negación y desconocimiento de la realidad y por la posibilidad del yo como principio central y autónomo. Pero entonces, en el campo mismo de la técnica sicoanalítica, se impone un cambio fundamental y una ampliación de perspectivas.

* * *

De hecho, esta técnica se encuentra más o menos en la misma línea del adiestramiento mediumnico; consiste en alejar la "censura", las inhibiciones inconscientes o semiconscientes, propiciando estados en los cuales, por medio de asociaciones mentales espontáneas, de recuerdos, de sueños, de analogías, de movimientos involuntarios y así sucesivamente, los impulsos y los complejos inconscientes se traicionan. A los ojos del sujeto la cosa se reduce por eso al entrenamiento de una facultad de détente y de "regresión", la cual, adquirida, constituye una condición exactamente opuesta a la de la integración de la personalidad.

Y hay algo más. La misma técnica del *transfert* y la parte que el sicoanalista tiene en tales procedimientos constituyen una instancia ulterior en contra de esta integración. El yo no sólo abre las puertas de su "subsuelo" sino que hace esto en cuanto se abandona a otra persona, lo cual, muchas veces, conduce a situaciones equívocas y patológicas en cuanto a las relaciones entre el sicoanalista y el sicoanalizado[32].

---

[32] Un sicoanalista americano, Smith-Jelliffe, ha llegado hasta proponer, por medio del método de "transferencia afectiva" una situación en tres puntos: el sicoanalista debería tener a una muchacha psicoanalista como ayudante, de manera que el sicoanalizado tuviera a su disposición a uno y a otro sexo para

Cuando después, con conocimiento del inconsciente, la individualización de los diferentes impulsos no se ha hecho directamente por el sujeto, es necesariamente el sicoanalista quien debe hacerla con un procedimiento inductivo o hermenéutico, por lo tanto siempre hipotético sobre la base del material proporcionado por el sujeto en los estados ahora señalados; el sujeto puede, posteriormente, "como despertando" reconocer la verdad de lo que el sicoanalista le dice, pero aquí necesita dar todo su peso a la parte que las sugestiones pueden tener. De cualquier modo, nunca se puede hablar de conocimiento directo; esto, como se ha dicho, queda excluido a priori en el punto en el cual se considera al es como un inconsciente.

En lugar de una vía, no de "análisis" sino de integración de la personalidad el primer paso sería tener el sentido del "otro" que el yo lleva en el propio seno; Jung habla con razón de un alma, criatura racional y demoniaca contraria al *ánimus*, el cual sería propiamente el principio personal. En seguida trata de separarse de este "otro". Sucesivamente se debería desenlazar hasta donde sea posible, la amalgama que el deseo ha establecido entre quien experimenta y la materia de la experiencia, sea materna o externa. Hasta que se hayan identificado no se puede tener conciencia de lo que nos hace proceder: desasidos y también libres de las obstrucciones establecidas en el yo, lo tenemos, por así decir, de frente.

Entonces se podría proceder en un campo, sobre el cual es

---

contar con el objeto sobre el cual por trasposición pudiera "descargar" sus complejos. El sicoanalista hombre entraría en la contienda si se tratara de impulsos homosexuales y la mujer si se tratara de encontrar un sustituto de la hermana o de la madre deseadas incestuosamente. Los honorarias por el tratamiento sicoanalítico cara s-empre son muy elevados. Pero es necesario reconocer que en este caso al menos se ofrece a los complejos un servicio propio con todo *confort*.

mérito del sicoanálisis (pero también de ciertos estudios sobre el hipnotismo, por ejemplo, aquellos sobre las sugestiones poshipnóticas)[33] haber obtenido la atención. Efectivamente la investigación sicoanalítica conduce a la constatación no de una sino de dos especies de inconscientes. Además de los dinamismos inconscientes y activos del es, existe un inconsciente en acto, en modo sutil e inteligente entre la trama de la misma conciencia vigilante. Los diversos procesos de censura, obstrucción, inhibición, represión y también de sublimación en defensa del yo se desenvuelven ellos mismos en la penumbra y solamente con el fatigoso procedimiento sicoanalítico se llega a descubrir su existencia y a reconstruir las formalidades[34]. Sólo las "influencias" en acto en procesos del género van mucho más lejos de aquellas que tienen que ve con las relaciones entre el yo y la líbido. En ciertos casos ellas pueden hasta llevarnos a un plano muy general, recobrando, entre otras cosas, el origen oculto de teorías, de sugestiones y de "mitos, que en la historia de la civilización son ordinariamente juzgados como "espontáneos" y explicados con factores extrínsecos bidimensionales. Pero, de una manera u otra, éste es un aspecto según el cual el sicoanálisis puede producir una inquietud saludable. Es decir, se constata la existencia de una "lógica del subsuelo" en acción entre forma y forma de la conciencia, distinta del verdadero y propio subconsciente. Ahora bien, en oposición a la técnica del sicoanálisis, en una disciplina de verdadera superación y consolidación de la personalidad encontramos un refinamiento de la percepción directa a que se tiende; este refinamiento casi creando nuevos sentidos permite sorprender las acciones sutiles e infraconscientes que determinan ciertos procesos, juicios y resoluciones de la conciencia vigilante. En una

---

[33] He aquí de qué se trata: Al sujeto puesto en estado hipnótico se le ordena cumplir como si estuviera despierto, un cierto acto; él lo hace y encuentra casi siempre razones para persuadirse de lo que ha hecho con libre voluntad.
[34] En la terminología freudiana esto es el "preconsciente", distinto del "inconsciente".

fase sucesiva permite alcanzar, en una visión directa, las fuentes extraindividuales de tales acciones. El umbral de la conciencia ordinaria es removido con la liberación de las limitaciones del yo ficticio. Además de las formas que emergen de la conciencia externa se pueden entonces descubrir las raíces, antes ocultas en las aguas turbias y profundas de la "sublimidad".

Disciplinas de tal índole fueron conocidas como ciencias en la civilización tradicional. El sicoanálisis, que presume de "ir mucho más allá, en lo profundo" (Jung), se encuentra, sin embargo, en los primeros pasos.

Pasaremos ahora a hablar del verdadero y propio subconsciente y de la exploración, o para decirlo mejor, de la destrucción del mismo. A este respecto debemos limitarnos a una breve exposición ya que se volverá a hablar del tema en uno de los próximos capítulos.

Aparte del agente de la "lógica del subsuelo" ya indicado, el subconsciente comprende estratos y "regiones" bien distintos. En primer lugar, es necesario considerar la zona del subconsciente cuyo principio es el "deseo" o la cupiditas (concupiscencia) en el sentido superindividual y metafísico ya indicado: es la fuerza que ha hecho disminuir el estado de "ser" y ha originado en el mundo el nacimiento de los cuerpos y las causas. Cosmológicamente es la región de lo "demoniaco" en general, en sus variadas formas. Los troncos de las almas de las razas, más que las raíces de los instintos y de las pasiones humanas, vuelven a entrar en este estrato del subconsciente. Cuando algunos sicoanalistas hablan de las dramatizaciones del inconsciente colectivo y "filético" bajo formas de simbolos-tipo, es también cuando Jung, en una especie de nueva fórmula psicoanalítica- irracionalista de la doctrina platónico de las ideas, trata de los llamados "arquetipos", como la zona del es a donde siempre somos conducidos.

Ahora bien, los caracteres de obstrucción fueron

constantemente atribuidos a este inconsciente. Se debe tomar contacto solamente para cruzarlo, vencerlo y superarlo. El mito ha simbolizado esto de distintas maneras. El héroe que baja a los "infiernos" o penetra en la "caverna" afrontando a la serpiente, al dragón o al toro, expresa en una alegoría el principio consciente que se ha integrado mediante la ascética que pasa el umbral y afronta aquel impulso originario. Siempre en el mito, la victoria del héroe sobre la criatura simbólica y salvaje y su muerte, lleva a una resurrección, a una vida nueva; una resurrección, o la posesión de una "agua de vida" o de una "bebida de inmortalidad" sigue al descenso a los "infiernos"; espigas de vida nacen de la herida mortal ocasionada al toro; una virgen es liberada del dragón; un fruto de inmortalidad y otro objeto simbólico equivalente es alcanzado (mito de Heracles, de Jasón, etcétera) y así por el mismo estilo.

Aquí no se trata de asuntos con la sexualidad, en cualquier sentido que se le quiera dar a esta palabra, sino que se trata de una acción trascendental a la fuerza que ha puesto y conserva la conciencia bajo la condición de un cuerpo animal, con el fin de reintegrar la persona a aquel estado de "ser", respecto al cual la común existencia humana fue comparada tradicionalmente a un estado de calda, de entorpecimiento, de ebriedad, de parálisis, etcétera.

Este estado de "ser" es el verdaderamente sobrenatural, el estado "metafísico" y el restablecido contacto con él es despertar. Entonces es cuando se abre el camino a la resolución y eliminación de lo que, como "inconsciente" los sicólogos modernos han concebido erróneamente corno un principio independiente. En efecto, en las ulteriores profundidades fuera de la región del "deseo" este inconsciente existe sólo, digámoslo así, como tarea de una conciencia superior. Sus estratos o grados corresponden exactamente a potencias o grados de la superconciencia, de la integración de la personalidad, de la "soldadura de la espada rota".

Proceder en estas regiones superiores significa sin embargo reconocer que, una vez que se ha superado el mundo del inconsciente, por real que sea al mundo de los hombres y de las cosas, sobre el plano cosmológico corresponde solamente a aquello que en cada uno es el reino del sueño, de las alucinaciones, de las ideas obsesivas. Metafísicamente, aparece como el mundo de los sueños y de los fantasmas, al que ya Homero opuso el de la visión verídica. Cuando es la superconciencia la que lleva a tales profundidades, la pesadilla se resuelve, las nieblas se aclaran, los fantasmas desaparecen, todo residuo es superado en sus más hondas raíces.[35] En el límite de aquello que de otra manera sería sueño profundo sin sueños, a ella se abre la conciencia misma de la superrealidad (la hipercosmia de los antiguos, las "formas inteligibles" del mundo real), en sus diferentes grados. Primeramente son las formas que determinan, en general, la experiencia de un mundo, aquella práctica que en el hombre común se forma en apariencia sin la intervención de su yo y de su voluntad.[36]

---

[35] En el campo "experimental" se podrían, por lo demás, recordar interesantes resultados de investigación como aquellos de 0. KOHNSTAMM (*Medizinische u. philosophische Ergebnisse aus der Methode der hypnotischen Selbstbesinnung*, München, 1918, cit. por R. ROSEL).
En medio de la hipnosis han sido constatados tres estados del subconsciente: el "subconsciente que ordena" (cuya idea podría volver a tomar la misma "lógica del subsuelo"), el "subconsciente que experimenta" (el emotivo, el cual puede extenderse a la zona "inferior") y finalmente "el subconsciente profundo". Los sujetos sienten a este último, "en el fondo, como si de ninguna manera perteneciera a su persona", como "impersonal" y "superpersonal". Se reconoce que si, por defecto de otro término, se le quiere llamar un "yo", eso es, pero absolutamente diferente del "yo" de la conciencia despierta ordinaria. Mientras los otros dos inconscientes pueden ser influidos por efectos y complejos, el "subconsciente profundo" es absolutamente objeto y verídico". En estados especiales de la hipnosis, no se manifiesta exteriormente es decir, se convierte en consciente. Estos son ya significativos ofuscamientos del "descenso metafísico del profundo".
[36] La llamada filosofía crítica idealista occidental ha llegado a través de la teoría del conocimiento a la idea de que la experiencia del mundo externo se apoya

Luego viene el paso del mismo espejismo cósmico al estado de significados metafísicos puros, cosa que corresponde, en cierta medida a lo que alguna vez ha sido llamado la realización de el *sub specie aeternitatis* (bajo la forma de eternidad).

Apenas es necesario decir que todos estos horizontes son desconocidos al sicoanálisis y ni siquiera saben los que lo estudian el verdadero sentido de la personalidad; menos todavía pueden tener una cierta idea de la personalidad del superconsciente (o bien lo concebirán como una extrema exasperación histérico autista del *Ichideal*). Como método, su Psicología de profundidad "no va más allá de un incierto palpar que deforma inmediatamente todo aquello que toca en lugar de desarrollarse en una sicología trascendental. Como moral, ésta se reduce, m el mejor de los casos, a una mística del instinto y de lo irracional; como visión de la vida, a un mero naturalismo. A los ojos del hombre moderno el sicoanálisis arroja una alarma, plantea un problema, pero no hace nada para la formación de aquella superconciencia y de aquella superindividualidad que pueden en verdad resolverlo; que pueden eliminar los peligros del análisis, los cuales, aun en el campo material, pueden no ser leves[37]; puede hacer reconocer por vía directa la naturaleza y la diversidad de las fuerzas subterráneas con las cuales se tiene que hacer algo. En seguida ahí donde ella se excede y cree arrojar luz

---

esencialmente sobre formas ("categorías") y funciones que residen en el yo. Es mérito de E. von Hartmann haber mostrado en modo apremiante que una idea como ésta no puede sostenerse en caso de que no se conciba que el lugar de tales formas y funciones es el inconsciente. La enseñanza tradicional, especialmente en su fórmula hindú, es análoga: se reconoce un inconsciente, como el "órgano interno" que determina la experiencia del mundo.

[37] Los sicoanalistas admiten que el conocimiento del mundo del es, además de las variadas formas de neurosis, puede tener como consecuencia la alienación mental, el suicidio, la lenta preparación de causas que, aun a través de accidentes en apariencia fortuitos, conducirán a la muerte. A esto se agregan las variedades de las mencionadas relaciones morbosas entre sujetos y sicoanalistas, particularmente cuando los sujetos son mujeres.

sobre lo primordial y lo arcaico, cuando no cesa entre las ilusiones de anormales, histéricos y neuropatas, de galopar con las riendas sueltas en un campo semejante, sobre los corceles de los diversos complejos de la libido sexualizada que le parecen como los principios supremos explicativos del mundo del símbolo y del mito, lo mismo que de todo fenómeno espiritual, ofrece uno de espectáculos más dignos de lástima y de preocupación de cuantos presente la docta ignorancia de nuestros días.

Del hecho de que el sicoanálisis ortodoxo es la creación de un hebreo y de que es grandísimo el porcentaje hebraico entre los sicoanalistas, cada uno puede sacar las conclusiones que crea oportunas según el punto de vista que tenga respecto de la cuestión judía en general[38].

Cierto es, de cualquier manera, que si debiéramos hacer el sicoanálisis del sicoanálisis como fenómeno general, encontraríamos en el fondo una *Schadenfreude*, un placer maligno de envilecimiento y contaminación aplicado no sólo a los otros y al mundo espiritual, sino que, en la visión general de la vida, también a sí mismos: casi como si uno de aquellos complejos autosádicos, sobre los que ya se ha tratado, obrara aquí bajo la apariencia de "ciencia". El sicoanálisis se puede considerar también como la parte opuesta al mito darwiniano: manifiesta la misma tendencia, la misma alegría inconsciente de poder reducir lo superior a lo inferior, lo humano a lo animal, y a lo primitivo y salvaje, en lo que se revela en la llamada teoría de la "evolución". Así, como se ha dicho, el sicoanálisis como

---

[38] Sin embargo, Jung no es hebreo, pero sus puntos de vista, no por ser más sutiles y espiritualistas, dejan de ser tan peligrosas como los otros; mientras que en el campo de la sicoterapia encontramos que una de las mejores críticas del psicoanálisis con el esquema de un método que tiene en vista, por el contrario, los valores de la personalidad, pertenece a un hebreo (V. Franckl. *Aerztliche Seelsorge*, Viena, 1946).

fenómeno general es un símbolo, un signo de los tiempos. Depende del hombre occidental, de su posibilidad de reintegración y de su sumisión definitiva a un proceso de regresión espiritual ya en curso desde hace siglos, hacer verdadero o falso, el día de mañana, el mito sicoanalista.

IV

Crítica del teosofismo

Ante todo es necesario anteponer al examen de la teosofía contemporánea la distinción entre esta teosofía y la antigua y tradicional.

Esta última, como la misma palabra deja entrever, procede de la exigencia de un conocimiento (*sophia*), de lo divino (*Théos*). La teosofía tradicional va, por lo tanto, más allá de la devota postura religiosa porque no se detiene en "creer", en una mitología, o en una teología sino que vigoriza la posibilidad de una experiencia efectiva y de un *saber* en orden a lo divino. Su dignidad superior respecto a todo aquello que es simple fe, se puede expresar con esta justa observación de Schopenhauer: "La fe tiene significado ahí donde ella derrama sobre algo que no se puede conocer. Cuando ese algo pudiera ser conocido, la fe sería totalmente inútil y hasta ridícula, pues sería como pretender introducir alguna doctrina sobre la fe en torno a los objetos de las matemáticas."[39]

En casi todas las grandes corrientes de la espiritualidad antigua, tanto oriental cuanto occidental, la "teosofía" ha tenido una parte importante. Aún más, se puede decir que una tradición es verdaderamente completa si comprende una *teosofía* en el sentido ya dicho. En los orígenes del mismo cristianismo se

---

[39] A. SCHOPÉNHAUER, *Parerga und Paralipomena*, cit., V. 1, p. 135.

reconoce la prenunencia, cuando en la patristica griega, especialmente en Clemente de Alejandría, se opone lo gnóstico -el que sabe-, al *pístikos,* el que simplemente cree.

Pero nosotros, aquí, no nos ocuparemos de esta teosofía tradicional. La teosofía que nos interesa es muy distinta, es una corriente nueva que empezó a tomar forma en 1875 en tierras anglosajonas por obra de la señora Elena Petrovna Blavatsky, como una extraña mescolanza de motivos orientales y sapienciales y de prejuicios occidentales. La corriente se desarrolló como seíial de una reacción en contra del materialismo que dominaba entonces (como lo fue el espiritismo), pero al mismo tiempo, con una insistente polémica en contra de la Iglesia, juzgada como incapaz de dar algo que no fueran dogmas y esperanzas confusas a la sed espiritual de la humanidad.

Precisamente con la pretensión de ofrecer algo más, el movimiento se apropió, en palabra, la designación de teosofía. Pero repitámoslo, se trata de una cosa muy diversa tanto que, para distinguirla bien, es necesario usar al respecto el término de *teosofismo* ya adoptado por Schelling para corriente afines y más recientemente usado de nuevo por Guénon.

El carácter mixto que tiene el teosofismo no hace fácil la crítica. En cada caso se debe distinguir entre las ideas y las personas; entre las ideas en sí mismas y las múltiples deformaciones que han sufrido al mezclarse brevemente; entre ciertas exigencias y ciertas normas de desarrollo espiritual de la personalidad y la falta de su aplicación.

La primera reserva que debe hacerse respecto al origen "de lo alto" que los teosofistas quieren atribuir a su movimiento. "De frente a la limitación mental moderna, escribe Besant, los grandes Custodios de la Humanidad, en su sabiduría, decidieron que las antiguas verdades fueran proclamadas una vez en forma adecuada al hombre de los nuevos días.[40] Ciertos seres misteriosos, *Mahatma*, que alguna vez se manifestaran también como personas visibles, habrían transmitido la doctrina a los fundadores del movimiento.

Nuestra idea, al respecto, es que el asunto puede haber tenido también algo de verdad, pero que los teosofistas al creer sin dudar, haber tenido que hacer con los "Grandes Custodios de la Humanidad" (?) no han demostrado una actitud muy distinta de aquella pasiva, crédula e ingenua que es propia a los espiritistas y a los médiums. El hecho de que algo venga de detrás de los bastidores, repitámoslo una vez más, no quiere decir que ello deba tomarse sin dudar, como una moneda de pura ley. *Alguno* puede haber infundido también ciertas "revelaciones" a los primeros teosofistas, sirviéndose de ellos para crear una determinada corriente síquica colectiva: pero quien sea este "alguien" y cuales hayan sido sus finalidades efectivas, es cosa de discutirse; y la discusión no puede hacerse más que en el valor intrínseco de las comunicaciones.

La señora Blavatsky ha escrito: "La mediumnidad es lo contrario del adepto: la primera es gobernada, el segundo domina.[41] Esto es exactísimo, pero el hecho es que la señora Blavatsky, por su cuenta, finalizó en la primera más que en el segundo. Se refiere, además, que como en el caso de muchos médiums, ya desde pequeña provocaba involuntariamente en torno suyo ciertos fenómenos paranormales, algunos atribuidos a la herencia de su abuelo, Vseslaf, quien tenía fama de ser una especie de brujo. Muchos afirman que fenómenos análogos se produjeron también cuando la señora Blavatsky fundó la Sociedad Teosófica. Muchas partes de sus voluminosas y caóticas obras las compuso semiinconsciente, casi en estado de "escritura

---

[40] A. BESANT, *Le leggi fondamentali della Teosofía,* trad. It., Turín, 1929, p. 3.
[41] E. P. BLAVATSKY, *Abrégé de la Doctrine secrète*, París, 1923, p. 2

automática"; resultó que muchas de sus citas se encontraban en obras jamás leídas por ella. Así los orígenes del teosofismo permanecen oscuros.

En el aspecto doctrinal, muchas veces se trata de visiones y de complejos mentales "vagos", en los que se puede reconocer una fuerte dosis orien.al, con revel adoras interferencias con temas dominantes en la sique colectiva occidental de entonces.

Por otra parte, sobre esta materia prima del teosofismo naciente se emprendió una tarea y una reelaboración de parte de varias individualidades, Esencialmente después del cisma ocurrido en la Sociedad Teosófica en el año de 1898, y alguno logró, tanto en Italia como fuera de ella, levantarse sobre el primitivo nivel y así dar lugar al teosofismo como un aliciente para algo mejor y autónomo[42].

La diferencia entre lo que es válido y lo que es negativo en el complejo teosófico, se deja llevar de nuevo por lo general hacia aquello que se vuelve a las grandes visiones metafísicas del pasado y del Oriente, y lo que, por el contrario, se debe a la mentalidad occidental, a los influjos de la época y al factor personal de los partidarios respecto a los cuales constituye un hecho sintomático que nos remite otra vez al tema que ya tratamos, la preponderancia del sexo femenino. En seguida hay que notar la parte que tiene de la infatuación democrática e igualitario, desde los orígenes dentro de las finalidades de la Sociedad Teosófica, habiendo sido indicada aquélla para promover la "formación de una fraternidad universal sin distinciones de razas, credos, sexo y rango".

---

[42] Por lo que respecta a Italia, se puede citar, a este respecto, el grupo de la *Liga teosófica independiente,* dirigido por Decio Calvari, que publicaba también una revista llamada Ultra.

La primera acusación que se hace al teosofismo es la de haber concluido no en tina verdadera *teosofía* sino en un complejo heteróclito y sincretista de elementos de doctrinas diferentes, sin un examen crítico, mezclado con datos que proceden de visiones y de experiencias personales y que tendrían el carácter de verdades superiores. En este último aspecto alguna vez se acercan, es verdad, a las otras vías para elevarse prácticamente a la misma certeza, por supuesto de una clase bien diversa de la que cualquier teoría puede dar. Pero, como ha indicado la señora Blavatsky y como se puede repetir lo dicho por Leadbeater, Besant, Bailey y otros más, también aquellos que por casualidad señalan sinceramente vías de desarrollo subnormal en sí mismas, personalmente con frecuencia han tomado papeles del tipo de la mediumnidad y del visionarismo, actitudes, que una vez tomadas, no puede haber un criterio de verdadero control, ningún principio de diferenciación entre la evidencia falaz de una alucinación (subjetiva o inducida por influencias síquicas externas a su persona) y el conocimiento efectivo sobrehumano, o teosofía. Según la inmensa mayoría de los demás, ella se concreta a aceptar a ojos cerrados las "revelaciones" y los complejos sincretistas presentados como la "doctrina secreta", siguiendo muchas veces motivaciones irracionales y sentimentales. Por lo cual, el teosofismo, en lugar de conducir, como verdadera teosofía, por encima de las "creencias", a una fe o religión, frecuentemente la sustituye por otra, cuando no le añade una pésima filosofía con resonancias de ideas de la ciencia moderna.

Esto no debe impedirnos reconocer que, no obstante todo *cuanto se rehaga en el teosofismo, con la exigencia de una verdadera teosofía, en línea de principio tiene un valor positivo.* Y un método que atendiese seriamente a una *experiencia espiritual* directa, que obedeciera a la voluntad de levantar el nivel habitual de la conciencia, de transformarse a sí mismo, fortaleciendo la autoconciencia hasta tomar contacto con la realidad invisible para testimoniar, al mismo tiempo, con formas concretas de poder, un método que expresara la superación de la actitud tanto de las "búsquedas síquicas" cuanto del "sicoanálisis". Estas palabras de un propagandista del teosofismo, Chévrier, son por lo tanto del todo justas: "No existe un verdadero *saber sólo* ahí donde el *poder* lo afirme. Todo lo demás no es más que documentación de lo que se ha oído decir, sin profundidad y sin otro provecho que el de satisfacer una curiosidad, la cual, al fin, desistirá cansada de ser engañada"[43]

Pero para adaptarse de verdad a una tal exigencia, correspondiente a otro punto principal del programa de la primera Sociedad Teosófica, el de promover el desarrollo "oculto" del hombre según sus posibilidades latentes, dada la inclinación de los occidentales modernos de hacer que concluya todo en especulaciones abstractas y vanas, el teosofismo debería seguir un molde muy diverso: un estilo semejante, por ejemplo, a aquel del budismo primitivo, el cual como descriptivo y "teoría" de lo oculto y de lo trascendente ha dicho muy poco; limitándose a suponer el *problema* de "despertar" proporcionando al mismo tiempo, en todos sus detales la técnica apta para resolverlo, y por consiguiente, para hacer experimentar directamente aquello que había callado y encerrado en una designación negativa (nirvana)[44].

El teosofismo, al silencio y a la práctica, al *post laborem scientia* (a la labor posterior de la ciencia), recordado también por los occidentales herméticos, ha preferido un desenfrenado divagar sobre planos y cuerpos invisibles, sobre "rondas planetarias", sobre intrigas, evoluciones y decadencias de entidades de cualquier género, sobre visiones de destinos de mundos, de maestros, razas, razas subdesarrolladas, épocas cósmicas y cosas por el estilo, además de los aderezos del humanitarismo, del optimismo y del progresismo. Desgraciadamente, en general, y sobre todo, es esto lo que ha

---

[43] G. CHÉVRIER, *La Dottrina Occulta,* trad. Milán, 1928, p. 10.
[44] Cfr. J. EVOLA, *La Dottrina del Risveglio* (Ensayo sobre la ascética budista),. 2a., ed., Milán, 1965.

llenado la cabeza y los libros de los teosofistas.

Como asiento de doctrina el teosofismo, como ya se ha dicho, ha pretendido obtener la atención de nuestra época sobre verdades de una sabiduría olvidada, las cuales como fuentes se han atribuido sobre todo al Oriente y en particular a la India. ¿Sobre cuáles enseñanzas de valor real podía atraer la atención el teosofismo? ¿Y cuáles incomprensiones y desviaciones se han sobrepuesto a ellas en la admisión y divulgación teosóficas?

Nos limitaremos aquí al examen de dos nociones que son como el eje de la concepción teosófica: la del karma y la de la *reencarnación.*

En la tradición hindú, karma significa "acción". Es punto fundamental de esta tradición que "este mundo ha ¡sido creado por la acción (karma), está sostenido por ella y por ella será destruido". En particular: "Conforme a lo efectuado (karma) surge el ser. Los seres son herederos de las acciones".

Estas expresiones son claras y concisas. Hacen alusión a una ley general y elemental de causalidad. Solamente es necesario notar que aquí el término "acción", karma, no se aplica a una sola acción, en sentido estricto, material, sino que abarca un campo mucho más vasto. Todo pensamiento, todo deseo, todo hábito contraído es igualmente karma. Además el karma se extiende a órdenes de influencias a las que el hombre común no puede asirse; conectados con efectos de causas remotas de planos muy diversos; va mucho más allá de los límites de lo visible y de una única forma de existencia, y a diferencia de lo que sucede por la ley de causalidad física, no se desarrolla solamente en la dimensión del tiempo. Sin embargo, queda en él el carácter, bien visible en las leyes de la naturaleza, de relaciones impersonales de necesaria secuencia. Así, cuando se trata del hombre, la del *karma* no habla de hacer o no hacer, sino que enuncia simplemente el producirse de un efecto, una vez que se haya creado una determinada causa. Advierte y no determina. Por ejemplo, se es libre de encender o no el fuego, pero no se puede pretender que el fuego, una vez encendido, no queme. Siguiendo el tema del karma, esta idea se extiende a todo aquello que existe en el mundo visible, ya sea corporal, ya como mundo síquico, moral, intelectual y espiritual; ya sea por los caminos de los hombres que por los de las fuerzas invisibles y de los "dioses". Según esta doctrina, en una palabra, todo se forma, se transforma o se excede de esta manera, tanto en alto como en bajo a través de justas relaciones de causa y efecto.

Se encuentra por lo tanto en el orden de un determinismo universal el cual, sin embargo, no excluye la libertad; más aún, la presupone como causa principal, además, como un principio capaz de producir virtualmente nuevas causas, nuevas series de tendencias, de acciones y de reacciones, solidarias o bien antagónicas respecto a aquellas que ya están en acto. Lo que el *karma* excluye es la idea, ya del "fortuito", ya de un "destino", ya de una "providencia" en el sentido antropomórfico de principio de intervenciones o de sanciones divinas con carácter moral[45]. De este modo, acción y libertad agotan esta visión del mundo. Todo ser es, el que así está hecho.

El karma no hace otra cosa que traer consecuencias de causas creadas y el yo con la corriente de su vida sigue solamente el cauce que él mismo, sabiéndolo o no, ha ahondado. De esta manera no existe culpa, ni siquiera con sentido occidental, y no existe mérito, no existe el pecado, y no existe virtud. Existen solamente algunas "acciones", materiales, síquicas o espirituales,

---

[45] Esta concepción, por lo demás, no es exclusiva de la doctrina oriental. La misma noción de "providencia" no tenía un carácter moral en las tradiciones clásicas, con relación a los cuidados de un dios concebido desde el punto de vista del teísmo considerada precisamente como un conjunto de leyes condicionadas e impersonales, como podrían serlo las advertencias, de hacer o no hacer, dadas por la ciencia objetiva de un médico para usar esta comparación de Plotino (*Enneadi, III,* 111, 5).

que conducirán necesariamente a ciertas condiciones, materiales, síquicas o espirituales. *A priori,* todas las vías están abiertas en alto y en bajo. Al decidirse por una de ellas no es de esperarse y no es de temer que lo que suceda procederá impersonalmente de la naturaleza de esta vía. En el sentido más absoluto, toda cosa y todo ser están abandonados a sí mismos.

Esta enseñanza lleva a una investigación purificadora. Ello acostumbra a considerar todas las cosas con una claridad y una ley de *realidades* análogas a aquellas vigentes en el mundo de las cosas. Libera de los fantasmas, tanto del miedo como de la esperanza. A cualquier cosa de simple, de fuerte, de elevado, lo conduce de nuevo a sí mismo. Y esto es el principio de toda relación superior.

Éste es el sentido del karma según la tradición, al cual pertenece legítimamente su conocimiento elemental. Pero, ¿qué ha hecho esto en el teosofismo?

Ante todo, el karma pasa de las posturas de la libertad a aquellas, típicamente modernas, de una especie de determinismo evolucionista. La pluralidad de las vías libres -la cual, desde el punto de vista del individuo es la verdad elemental, perteneciendo todo concepto[46] ulterior al plano metafísica se sustituye por la dirección única de un "progreso" obligatorio, en el que había solamente la alternativa de caminar más rápido o

---

[46] Efectivamente, la doctrina tradicional conoce la idea de un orden superior, a la cual corresponde la noción extremo-oriental de "Vía del cielo" (Tao), la hindú de *rta*, la helénico de... Pero es una idea válida sólo y precisamente en el campo metafísico, y que por lo tanto no se debe confundir con la noción humano de "finalidad". Una alusión a las relaciones entre este orden superior y el plano de la libertad y de la causalidad (karma) es proporcionada, si acaso, por imágenes como la de De Maistre, por la que el universo es, comparable a un reloj en el que, aunque las manecillas se muevan cada una por cuenta propia, señala siempre la hora exacta, o bien como dice el proverbio chino, que el orden es la suma de todas las desórdenes. No hay pues, una interferencia tangible.

menos rápido.

Efectivamente, según las miras teosóficas, los "dioses" y los adeptos serían seres que han sido elevados en la "evolución", y menos "adelantados" los animales, "nuestros hermanos menores". Pero será cuestión de tiempo: todos llegarán a puerto, aquellos que vayan más adelante "sacrificándose" por los demás y las variedades del *karma* habrán servido solamente de instrumento al "progreso universal". Como es claro, todo esto es considerado nada más como una añadidura sin concierto, alterable, de los teosofistas, auténtica a la noción del *karma*. No es, pues de maravillar, que con frecuencia esta noción, desde el plano de un realismo trascendental pase al de un moralismo más o menos filisteo, convirtiéndose en una espada de Damocles suspendida sobre la cabeza de quien no se conforma con las "leyes de la evolución" y con los relativos corolarios altruistas, humanitaristas, igualitaristas, vegetarianos, feministas y así sucesivamente, profesados por el movimiento, con el que también el valor práctico, la potencialidad liberadora de esta enseñanza, de la que ya hemos hablado, está del todo perdido.

En el teosofismo, el *karma* se encuentra después específicamente conectado con la reencarnación. El teosofismo se jacta de haber llamado la atención de Occidente sobre esta otra "enseñanza de la sabiduría antigua". En realidad, dada la limitación de horizontes de los hombres modernos, para quienes esta existencia es el principio y el fin de todo, que no ven nada antes ni después de ella, aparte de las vagas ideas religiosas sobre el más allá, las cuales para ellos no significan nada de vital; suscitar el sentido de llegar *de lejos,* de haber vivido otras muchas vidas y otras muchas muertes y de poder proceder todavía de un mundo o de otro, más allá de la caída de este cuerpo, sería ciertamente un mérito. El mal está en que en el teosofismo el todo se reduce a una serie monótona de existencia del mismo tipo, es decir, terrenas, separadas por intervalos, de corporeidad más o menos atenuada. Así la restricción resulta bien poco obstaculizada. El teosofismo que cree poder apoyarse en una doctrina antigua, pero que en realidad no se apoya más que sobre cuanto se refiere a formas del todo esotéricas, populares, emanadas de ella, carece de todo sentido del orden de las cosas en el cual debería producirse.

Para resolver el problema de la reencarnación hay que comenzar por esclarecer lo que se refiere a la supervivencia, de la que el teosofismo no se preocupa para nada, tanto es así, que le parece cierta la solución positiva "espiritualista" de ella, y a decir verdad, la considera como supervivencia personal de cada alma humana. La idea más cercana a la reencarnación tal y como la profesan los teosofistas, se encuentra tal vez en el Vedanta. Pero el Vedanta, sobré esto, tiene una base: la teoría del *se,* del *âtmâ* inmortal y eterno, idéntico al Brahman, al principio metafísico de cada cosa.

Esta teoría se refiere a un estado espiritual de la conciencia del hombre, el cual no se encuentra, no digamos ya en los hombres de hoy, sino tampoco en la humanidad del período budista. En efecto, en el budismo encontramos la doctrina del *anâtmâ,* es decir de la negación de la esencialidad del alma y de una cierta continuidad de ella. Aquí no se trata -por el Vedánta frente al budismo- de dos opiniones filosóficas en contraste la una con la otra, sino de dos teorías que son diferentes sólo porque se refieren a dos condiciones espirituales históricamente diversas. El alma (atma) que niega el budismo, no es aquella que el Vedanta afirma. El alma del Vedanta no es otra cosa que lo que el budismo considera no como una realidad presente en cualquier hombre sino como una meta que sólo excepcionalmente, por medio de la ascética, puede alcanzase. Aquí se podría establecer una relación con el sentido esotérico de muchas enseñanzas y mitos tradicionales, también occidentales, como por ejemplo, el de la "caída". Se trata de constatar, en un momento dado, la identificación de la personalidad con una forma síquica condicionada e individualizada por el cuerpo: de donde se sigue al nacimiento del yo, que puede referirse al hombre moderno; el yo, del cual el budismo, en base a un realismo metafísico, afirma con razón y con fuerza la caducidad y la irrealidad[47].

Ahora bien, el sentido que podía tener la reencarnación en aquel en el que el yo valía más o menos como un principio universal superior por lo tanto en cada individuo particular (âtmâ =brahmán, Vedanta), no es el mismo que la misma doctrina puede tener si logra al yo humano ordinario y cerrado en sí mismo de los tiempos más recientes; por esto último los contactos se han roto, lo único que existe es algo como un hilo de seda inalterable atravesando y uniendo una serie indefinida de perlas que representan cada una de las existencias. Unívocamente unido el sentido de sí mismo al sostén de un cuerpo y de un cerebelo, la consecuencia puede ser la alternación definitiva de la continuidad de conciencia individual, la cual con el nacimiento (que, en general, hace desaparecer el recuerdo de todas las experiencias anteriores)[48] ha sufrido un primer golpe. Afrontada esta existencia, el espíritu como "personalidad" también ha hecho frente a un riesgo fundamental. Y no se trata más de reencarnación en el sentido vedantino: sino que por el contrario se trata de una alternativa de "salvación" o de "perdición" que, en una cierta medida, se decide en esta tierra. Posiblemente, tales sean el sentido y la concreta e histórica razón

---

[47] Es interesante advertir que la época del nacimiento del budismo (por el año 600 a. C.) que afirma la doctrina del anátma, coincide con la del surgimiento del pensamiento filosófico y naturalista en Oriente y sobre todo en Occidente (Grecia): es decir con las manifestaciones de la conciencia lógica ligada al cerebro, la cual sustituye a las formas anteriores y superiores de conciencia, que constituían la base existencias de doctrinas, como la vedántina. Importa mucho darse cuenta de que las grandes doctrinas tradicionales no son meras invenciones humanas, y que sus diferencias no son arbitrarias, sino relativas a la adaptación de la enseñanza a situaciones de hecho histórico-espirituales efectivamente diversas.

[48] Se comprende pues, por qué el catolicismo, en relación al periodo por el cual se ha formado debía declarar *herejía* a la doctrina de la preexistencia del alma al cuerpo. En realidad, el alma, como alma solamente "humana" (y hoy no se puede hablar, en general, de almas diferentes) nace con el cuerpo.

de ser, de la enseñanza a propósito sustituida en tradiciones más recientes, como por ejemplo, para no citar más que a las dos más conocidas, la católica o la islámica[49].

Para el hombre occidental medio es pues verdadera esta enseñanza, pero no lo es la reencarnación en el sentido vedantino. Si hoy se quiere hablar todavía sobre la reencarnación, no se puede hablar del alma como personalidad, sino como otros principios comprendidos en la entidad humana y siempre en un sentido que excluye, la mayoría, una verdadera continuidad de conciencia personal. En el sentido budista del término puede decirse que eso que en las presentes condiciones es perenne y que se transmite de ser a ser no es ya el "âtmâ inmortal" (la superpersonalidad), sino la "vida" como "deseo"[50]. Es la voluntad profunda y animal de vivir, en los términos de una entidad subpersonal que crea siempre un nuevo nacimiento, que es la matriz de todo yo mortal y, al mismo tiempo, el obstáculo de los mundos superiores. Estamos, pues, de nuevo frente a cosas de las cuales ya hemos tratado al hablar de sicoanálisis. Si queremos aquí continuar hablando de la reencarnación y del *Karma*, la visión según la realidad debe buscarse en enseñanzas de tipo semejante al budismo, el cual tiene los ojos puestos precisamente en el alma caduca, o en el alma excepcionalmente desvinculado en el estado del nirvana mediante la ascética.

Según el budismo, el hombre que no ha alcanzado el estímulo e iluminación espiritual, con sus pensamientos, sus palabras y sus acciones (karma) ha engendrado a pesar de todo

---

[49] La exasperación de la alternativa: salvación-perdición, que se puede constatar en el protestantismo respecto del catolicismo, se explica con el carácter siempre más físico que el yo ha tomado en los tiempos toda más recientes de la Reforma contemporánea al que se ha dado en llamar humanismo.

[50] Como ya se ha indicado, esta noción traducida en términos morales corresponde en el catolicismo a la teoría de la herencia de "pecado" que la carne del hombre transmitiría, desde Adán, a manera de *cupiditas* (concupiscencia) o *appetitus innatus*.

otro ser o "demonio" (llamada *antarabhsva* o también vijñana), sustanciado (convertido en un ser) con su incurable anhelo de vida, el cual recibe las tendencias fundamentales. Este ser sobrevive, en general, a la muerte. La fuerza fatal de las inclinaciones de que se compone, y que ahora ninguna voluntad frena o reprime, lo lleva de nuevo a la tierra, hacia un cuerpo y una vida conformes a su naturaleza; juntándose con elementos físicos y vitales proporcionados por los padres, ello constituye la base para que pueda manifestarse bajo especie de hombre de otras entidades que, alteradas ellas mismas por el "deseo", se unen y asimilan de acuerdo con leyes de afinidad, sin llegar a otros estados de existencia. De este modo surge una nueva conciencia humana, a título de una entidad -mucho más compleja de lo que comúnmente se- cree, compuestas de diversas herencias; entidad que no tiene una verdadera relación de continuidad personal con la del muerto por cuanto se refiere a una ley de causa y efecto (karma) que por una parte pueda llevar de nuevo a la vida anterior el origen de lo que, como forma específica, se debe *al antarabhava,* y por otra parte pueda explicar por qué la composición atraiga fatalmente al nuevo ser que se encarna.[51]

Con excepción de los "espíritus", las larvas y los fragmentos síquicos de los que ya se habló al criticar al espiritismo; de la *antarabhsva,* criatura ciega desprendida del tronco del deseo, ninguna otra cosa sobrevive a la muerte, según una continuidad personal en quien ya su vida no haya conseguido un cierto grado

---

[51] Se puede designar la forma irracional, con la cual un alma se identifica, quedando a base de varias funciones sicovitales humanas con el término de *demonio,* en sentido clásico, y recordando la doctrina de Plotino, por la que el alma "ha escogido en primer lugar su demonio y su vida", de conformidad con la naturaleza de las tendencias que ella haya desarrollado en sí misma (Enneadi, III, iv, 5-6). *Antarabháva,* literalmente, quiere decir "aquello que existe entre los dos"; es decir, se alude a aquello que hace las veces del yo en el intervalo que media entre una y otra existencia terrestre (pero de rigor no sólo terrestre), consideradas como discontinuas. Acerca de todo ello cfr. EVOLA, *La Dottrina del Risveglio,* cit.

de iluminación. Si por el contrario alcanzó este grado, sólo entonces se puede hablar de una supervivencia para el *alma:* ella puede, conservando la continuidad de conciencia, afrontar hasta las experiencias del *post* mortem (después de la muerte), para las cuales hemos ya citado un texto lamaico y cuyo contenido se podría designar con el término de purgatorio; afrontarlas, de modo de poder conseguir este o aquel estado de existencia más allá del mundo humano y subhumano. En la tierra, en todo caso, no vuelve más que aquello que pertenece a la tierra. El alma no procede de otros cuerpos, sino de otros "mundos", esto es, de otras condiciones de existencia y no va dentro de otros cuerpos, sino que, librándose de los "infiernos" y conformándose con su fin sobrenatural va dentro de otros de estos "mundos". El repetido pasar del alma (no de este o de aquel complejo síquico del cual esté compuesta como alma de hombre mortal) bajo la condición de un cuerpo humano, representa un caso absolutamente excepcional. Para el alma puede ser una *trasmigración:* cosa muy distinta de la rencarnación, que puede verificarse solamente mediante principios inferiores, en general colectivos e impersonales del compuesto humano.

En sus líneas generales, así están las cosas para la rencarnación en relación con el hombre actual. ¿Qué efecto hay en cambio, en la doctrina que afirma el teosofismo? Toda teoría o superstición, repitámoslo, es siempre, bajo un cierto aspecto, un índice barométrico de los tiempos. Se puede decir que la "reencarnación" es una idea justa, si se refiere solamente a aquel ente irracional que, destruido un cuerpo, en su afán constante e insaciable de vida pasa a otros cuerpos, pero nunca elevándose a un plano superior.

Así como en nuestros días el principio y el fin de la existencia de gran parte de los hombres se agota en un modo semejante de vivir y el caso de una "liberación" se presenta siempre más como una anomalía, así puede decirse que para la humanidad del presente periodo la reencarnación en el sentido de una perenne reproducción terrestre tiene un cierto margen de verdad, aparte, naturalmente, de lo que el optimismo le añade en sentido de "evolución" y de "progreso" y también aparte de la suposición, gratuita del todo, de un "ego inmortal" en lugar del cual hay en cambio un ser de todo "natural" y subpersonal con sus criaturas desunidas sin ninguna verdadera continuidad y con su *appetitus innatus* (apetito innato) raíz de todo devenir en la temporalidad y en aquello que en Oriente se llama el *samsara*.

También, a propósito de esto, se puede mencionar la falta de toda mira verdaderamente sobrenatural como una característica del teosofismo. Desde el punto de vista del estado humano de existencia no hay verdadero sobrenatural sin un anticipo de dualismo, y la concepción "evolucionista" del teosofismo contrasta resueltamente con esta premisa, afirmada por toda civilización superior. Así como en la doctrina católica hay un límite bien claro entre el orden temporal y el eterno, así también en las tradiciones orientales hay una clara distinción entre la enorme serie de posibilidades y de "renacimientos" subordinados al devenir y al deseo (posibilidades que comprenden tanto estados "divinos" como estados humanos e "infernales"), y a la verdadera liberación. Esa serie está configurada por un círculo perpetuo (concepto que vuelve a encontrarse en la tradición helénica: *ókúkkosriv* (el círculo del linaje) y aquí todo "progreso" es ilusorio, el modo de ser no cambia sustancialmente aun cuando se junten formas de existencia más allá del nivel común. La liberación corresponde, en cambio, a una vía excepcional, "vertical" y "sobrenatural" al mismo tiempo lejana y cercana respecto a cualquier punto del devenir y del tiempo. El teosofismo suprime esta oposición: dos términos están puestos bajo el mismo plano; el objeto supremo es concebido como el fin de un desarrollo "evolutivo" a través del mundo condicionado y de una enorme serie de renacimientos. Así, ahí donde se habla de un desarrollo, no es el alma impersonal que puede tener a la vista, sino más bien el tronco natural y animal de la "humanidad", y su "espiritualismo", en el fondo, se reduce a un apéndice místico hacia las utopías de progreso social colectivo con sus exigencias y preocupaciones que, desde un punto de vista superior, nos parecen más dignas del nombre de zootecnia que de técnica. En cuanto al "ego" inmortal obsequiado a cada uno, es exactamente lo que se necesita para adormecer, para desviar de la realidad de la alternativa: *salvación o perdición;* es lo que puede escogerse en *esta* existencia para estorbar, por consiguiente, el camino, de la verdadera liberación.

Un espíritu semejante antisobrenaturalista del teosofismo no se vislumbra sólo aquí. Entre los principios sostenidos por el movimiento está el de la inminencia de la "única vida" en toda forma y en todo ser, y está igualmente el del deber para cada cl ego", de conquistar una autoconciencia independiente. Con una extraña aplicación de los conceptos antiaristocráticos propios a ciertas nuevas morales, se ha llegado hasta a hablar de una renuncia a la divinidad primitiva, que se "poseía sin mérito", para luego reconquistaría... "meritoriamente" a través de la lucha y las duras experiencias de las reiteradas inmersiones en la "materia". Lo cual, en el teosofismo reformado de Steiner, corresponde a particular y verdadero plano en el cual "Arimán" y "Lucifer" han sido alistados debidamente. Pensad a fondo, estas ideas deberían llevar como consecuencia lógica que la "única vida", es decir el aspecto de "uno" de la vida, representa lo "menos", el sustrato o materia prima, del que todo ser, al formarse, debería diferenciarse como un principio especial; poniendo por consiguiente, como valor precisamente una ley de diferencia y de articulación. No es así: la "única vida" llega a ser la causa, la perfección. A pesar de los reiterados reclamos a los medios tradicionales de conquista sobrehumana y al instrumental ocultista recogido de las fuentes más variadas, la idea del desarrollo en el teosofismo da color de tintas místicas y se inclina hacia la dirección degenerativa en una simple-fusión con el sustrato de la "única vida" rechazando con indiferencia la "ilusión de la separación" y del "ego". También aquí se trata de confusiones que proceden de la incomprensión de una enseñanza metafísica apenas entrevista; puesto que la noción puramente metafísica de la "identidad suprema" no tiene nada que ver con la de la "única vida". Por otra parte, es un grave error igualmente cometido por ciertas corrientes actuales neovedantinas, distintas del teosofismo, compensase directamente de las enseñanzas responsables de algunos gurus de hoy, descendientes del hinduismo, cambiando el *uno panteísta* promiscuo, en el cual, como dice Hegel, todo deriva de lo mismo como en la "noche donde todas las vacas son negras", con el *uno metafísico,* que es el ápice integrante de un conjunto bien articulado, diferenciado y ordenado de formas, de un *kosmos* (mundo) tomado en sentido helénico.

Cualquiera que sea, en el teosofismo, el punto efectivo de referencia, se ven, por otra parte, sus consecuencias: el corolario de ideales democráticos de fraternidad, de amor, de igualdad, de solidaridad universal, de nivelación, de sexos y de clases, en lugar de aquella ley fuerte de jerarquía, de diferencia y de casta que las grandes tradiciones siempre han conocido desde que tuvieron como eje insustituible la dirección justa: la de la integración con lo suprasensible de la dignidad sobrenatural del hombre. Y éste es uno de los untos más determinantes en los que, también en un ámbito ya exterior, aparte la confusión doctrinal, la corriente teosófica juntamente con otras "espiritualistas" afines a ella, constituye un factor que en la crisis de la civilización contemporánea encuentra a los otros en acción sobre muchos planos, ni más ni menos que en el sentido de una regresión a lo colectivo y a lo promiscuo.

Deberíamos decir otras cosas más sobre el teosofismo; pero se expondrán tal vez al hablar de las restantes corrientes espiritualistas y, por lo demás, no se trata de los detalles (los cuales pueden tener casualmente por sí mismos, un valor), sino de dar un sentido general que gobierne en el conjunto de las nuevas corrientes.

* * *

El teosofismo se atribuye el mérito de haber despertado en Occidente el interés por el Oriente espiritual. En efecto, a través del teosofismo muchas ideas de una tradición universal, que sin embargo, sobre todo en Oriente, se han conservado en formas diferentes, se difundieron en numerosos ambientes europeos y americanos. Pero, ¿cuáles ideas? Por lo que ya hemos hecho notar rápidamente, encontramos materia suficiente para convencernos de que la verdadera espiritualidad oriental no ha tenido éxito en una mayor medida conocida. Más bien es una imitación en la cual tuvieron modo de reafirmarse los prejuicios típicamente modernos- que tomó el puesto y que fue dada por Oriente.

Estando así las cosas, se presenta una duda ciertamente grave. *¿Cuál es el verdadero origen "invisible" (oculto) del teosofismo?* Con cual intención efectiva o a qué plan obedeció su aparición en el mundo moderno? ¿Se trata de "influencias" que han querido en verdad vivificar al Occidente poniéndolo en contacto con una espiritualidad de tipo superior, como lo era la del Oriente tradicional en comparación con la del mundo moderno? ¿Y sería solamente responsable de las falsificaciones la incapacidad de cada una de las personas que han servido de instrumento? ¿O bien se trata de influencias de tipo opuesto? *¿De influencias que han querido alejar un peligro cerrar anticipadamente la puertas, prejuzgar y prevenir un influjo saludable -que el Oriente podría ejercer- desviando una más alta aspiración?*

Es un hecho que si hoy diversas personas no carentes de cultura nutren prevenciones en contra del Oriente, eso se debe en parte a divulgaciones "espiritualistas" que adulteran su auténtico significado, pero también a algunos orientales modernos dispuestos a adaptaciones y a revelaciones, los cuales parecen entender muy poco de sus mismas tradiciones, pero que, por el hecho de ser precisamente orientales impresionan a los profanos. Por ejemplo, el libro de Massis, del cual ya hemos citado frases al principio, aparte de la exactitud de algunas exigencias que han expresado, representa un ejemplo típico de las consecuencias que pueden derivar de confusiones del género;

las curiosas ideas de Massis sobre una "defensa del Occidente", ahí donde son de buena fe, se pueden explicar solamente sobre la base de las llamadas imitaciones de la sabiduría oriental.[52] Y es una desgracia, también, la tendencia de ciertos ambientes católicos militantes a tomar algo de lo que es turbio, de sacar ventaja de estas confusiones con fines monopolistas de una miopía apologético. Ellos no se dan cuenta de que desacreditar la tradición en la persona de otros -en este caso del Oriente- significa condenarse a ver atacada, en un plazo más o menos, breve, la propia, que se intentaba exaltar por esa vía.

Pero para volver al teosofismo, la respuesta al problema arriba señalado, referente a la verdadera finalidad a la que ha obedecido, es asunto demasiado grave para que nosotros asumamos la responsabilidad. Nos basta haberío planteado, con el fin de que, quien sea capaz, tenga los ojos bien abiertos y reflexione que ciertas cosas son mucho más serias de lo que se cree, aun cuando presentan el aspecto de la extravagancia.

---

[52] Cfr. R. GUÉNON, *Orient et Occident,* París, 1925. *Oriente y Occidente,* Omnia Veritas.

V

Crítica de la Antroposofía

La antroposofía nació en el año de 1913 por obra del austríaco Rudolf Steiner, entonces secretario de la Sociedad Teosófica; inicialmente, a penas fue otra cosa que una reforma del movimiento teosófico originario. Tuvo éxito, sobre todo, en los países germanos, de donde pasó a Francia y a Italia. En Dornach, Suiza, se creó un centro donde se impartían también cursos sobre varias ramas de todo lo que puede saberse desde el punto de vista antroposófico. En realidad, la actividad de Steiner ha sido notable. Se puede decir que no hay una disciplina, desde la medicina a la teología, del arte a la ciencia natural, de la historia a la sociología, de la biología a la cosmología, en las que no haya tratado de decir algo. El número de las conferencias que dictó resulta inverosímil. Por otra parte, Steiner no presenta propiamente las características de un médium o de un desequilibrado. En ciertos aspectos, se puede incluso decir que peca en sentido opuesto, presenta las peculiaridades de un espíritu que pretende ser, a toda costa, científico y sistemático. Si muchas de entre sus concepciones no son menos fantásticas de las teosóficas, sin embargo, a diferencia de éstas, se puede decir con Shakespeare que "hay mucho método en semejante locura".

Se deben distinguir varios componentes en el fenómeno Steiner. El primero, predominante, pertenece al mismo tronco que ha dado lugar al teosofismo, del que tomó múltiples elementos. Un segundo componente está ligado al cristianismo. Finalmente hay un último factor que parece responder a un elemento positivista, a la exigencia de una "ciencia espiritual". Finalmente, el enlace de estos componentes, contenidos a la fuerza en las mallas de hierro de un sistema similar a las "filosofías de la naturaleza" de los románticos germanos, son las características esenciales de la antroposofía. En muchos puntos particulares de la enseñanza antróposófica, así como en la misma personalidad de Steiner, se tiene el sentido penoso de una dirección recta y limpia, despedazada por improvables y tiránicos flujos visionarios y por irrupciones de complejos colectivos. Steiner es el caso típico -muy instructivo, por lo demás- de lo que puede suceder cuando se penetra por sí mismo, en el mundo de lo suprasensible, sin la conexión con una tradición iniciática regular y sin un carisma protector, por medio de distintas prácticas, cultivando, por ejemplo, el llamado "pensamiento separado de los sentidos".

En la antroposofía, entendida como concepción del mundo, vemos indudablemente en acción al primero de los componentes indicados arriba. Así volvemos a encontrar las mismas incomprensiones sobre la ley del *karma* y una trasmigración reducida a "reencarnación", las mismas supersticiones "evolucionistas", los mismos "tránsitos" a través de planetas que se rencarnan en otros planetas, a través de espíritus, ángeles, razas, cuerpos débiles y no débiles y así sucesivamente, que ya habíamos criticado en el teosofismo. Todo esto se junta también con las mallas de un determinismo historicista providencial; la "evolución del mundo" es considerada aquí como una ley fatal predeterminada y suprema. Todo hecho, toda formación y toda transformación encuentran en ella su razón de ser y su explicación naturalista y racionalista, el futuro y el pasado se manifiestan sobre la pantalla de la historia como un film, existente ya en todas sus escenas y que puede ser visto mediante la "clarividencia" antes de ser proyectado. De la misma forma que Hegel desarrolló una historia del mundo por la necesidad intrínseca de la "idea", Steiner hace otro tanto; sin embargo, a diferencia de Hegel, él no ensaya una deducción lógica, sino que nos da una especie de ciencia natural del espíritu, una descripción de meros *hechos* que se suceden uno tras otro; en virtud de estos hechos, el hombre debería pasar del estado físico y espiritual actual preordinado, a otras formas "evolutivas" que le esperan en el futuro, y así sucesivamente. Aún menos que en el teosofismo se encuentran aquí huellas de oposición entre historia y superhistoria, entre temporalidad y eternidad, entre el orden natural y el orden sobrenatural. El orden del tiempo domina despóticamente todo. Más aún que los teosofistas, Steiner se las ingenia para encerrar en la *historia* todo fin del hombre y excluir cualquier posibilidad verdaderamente trascendente, encauzando las energías naturales y extranormales del hombre, mejor dicho, ni siquiera del hombre, sino del colectivo humano, de la humanidad. La sustitución del término *antroposofía* por *teosofía* expresa un conocimiento más claro; las sabidurías "superadas" enseñan que la verdad no la da el conocimiento *(sophia)* de lo "divino" *(Theos)*: sino el conocimiento *(sophia)* del hombre *(anthropos*, de ahí antroposofía) que será en vez del centro, el principio y el fin de la nueva sabiduría anunciada por Steiner.

El demonio del "humanismo" occidental domina por consiguiente desde las raíces, el espiritualismo de Steiner. Pero lo singular es que *el catolicismo* se convierta en su cómplice. Acado la revelación cristiana ¿no ha declarado acaso que "Dios se hizo hombre"? Hoy constatamos muy de cerca esta verdad, pero no en sentido cristiano ni en sentido steineriano. De cualquier modo, Cristo se acopla al evolucionismo antroposófico. A diferencia de la enseñanza católica, Steiner opina que la venida de Cristo no ha sido una determinación arbitraria de la gracia divina; en cualquier otro momento histórico habría podido suceder para dar redención a la humanidad pecadora. El descenso de Cristo, en lugar de suceder en un momento exacto predestinado, corresponde a toda una evolución no sólo humana, sino también cósmico-planetaria, mineral, vegetal y animal orientada hacia ella elaborando lentamente un cuerpo (con sus diferentes componentes "sutiles") apto para hacer Posible la encarnación de aquel "Logos Solar" (es decir, de

Cristo)[53].

Al suceder esta encarnación, lo "divino" no está ya "fuera" del hombre, sino en el hombre mismo, sustituyendo así la antroposofía a la teosofía. De este modo, con la venida de Cristo habría nacido el hombre espiritual. Antes no habría existido más que una espiritualidad impersonal, soñadora, difusa: el hombre era como un médium y tenía fuera de sí, en los dioses, su espiritualidad, e incluso su yo. Hoy la tiene dentro de sí mismo, donde puede tener lugar una autoiniciación, un método autónomo, lúcido, puramente individual de desarrollo interno. De ahí la idea de una iniciación moderna[54], llamada también "rosacruciana", que se contrapondría a todas las precedentes y a la cual la antroposofía querría dirigirse en su aspecto práctico. El suceso del Gólgota, según Steiner, habría roto en dos partes la historia espiritual del mundo. Por otra parte, en este terreno la sujeción pasiva a la influencia de las ideas de la creencia cristiana es clara y a este respecto, la antroposofía se encuentra por debajo del teosofismo, que había visto simplemente en Jesús uno de los diferentes "grandes iniciados" o enviados divinos. En lugar de esto, para Steiner, Cristo (aunque rebajado de "Hijo de Dios" a "Logos Solar") es, exactamente como para la religión cristiana,

---

[53] El evolucionismo de Steiner no deja en paz ni siquiera personalidades reales o místicas tan claramente orientadas hacia la sobrenatural, tales como un Buda, un Zaratustra, un Hermes y así sucesivamente; Buda, por ejemplo, no se habría liberado de ninguna manera del mundo del nirvana: siendo también él un instrumento de la "evolución de la humanidad", habría contribuido a la preparación del cristianismo y su misión habría consistido en elaborar ciertas fuerzas que se habrían rencarnado en Jesús.
En general, la antroposofía se adhiere *mutatis mutandis* a la presunción de aquel cristianismo que se imagina que todas las religiones precristianas fueron sólo preparaciones y "prefiguraciones" suyas.
[54] Vale la pena hacer notar que la referencia que hace Steiner a los Rosacruces es tan gratuita e ilegítima, como la de un dado grado de la masonería de rito escocés y de diversas reuniones ilícitas contemporáneas. Los verdaderos Rosacruces fueron uno de aquellos grupos de iniciados que se "retiraron" del Occidente antes de la Revolución Francesa al constatar la situación de la época.

una figura que no puede repetirse y su aparición es una acontecimiento único y decisivo para toda la historia, universal.

Juzgadas en términos reales, las especulaciones antroposóficas parecen ser construcciones mentales sustancialmente semejantes a aquellas que, a partir de Hegel, la corriente universitaria de la "filosofía de la historia" ha producido para un mayor embrutecimiento de quien las sigue y las acepta. Se puede "creer" más o menos, pero las cosas quedan como antes, además de la limitación propia a una concepción, como la historicista en general. Quien, sin embargo, fuera capaz de realizar una especie de purificación de dichas ideas antroposóficas de la temporalidad histórica, podría lograr algo de valor. Si hubiera entonces, en abstracto, el esquema propio de aquellos tres estadios, que ya empleamos como punto de referencia para nuestras consideraciones críticas: el estadio de una espiritualidad prepersonal ("precrística", para Steiner), caracterizada por la falta de autoconciencia activa y visionario-mediumnímicas; el estadio de la personalidad común, que sin embargo en el sentirse distinta a sí misma y en el ver claramente las cosas a su alrededor anuncia ya el principio del verdadero espíritu (es, según Steiner, el don del "yo" que Cristo Jesús habría hecho a los hombres); por último, el estadio de una superconciencia y de una superpersonalidad (la "iniciación consciente" de los antroposofistas). El error de Steiner, debido a su sumisión a una forma mental difundida en su época, estriba en haber puesto dichos estadios dentro de los rigidos principios del historicismo y haberlos colectivizado y materializado, haciéndolos estadios "evolutivos" de la "humanidad" en lugar de ver ahí posibilidades permanentes de cada punto histórico y de cada una de las conciencias. De ahí que, en su "filosofía de la civilización", hay cosas que lo dejan a uno petrificado, una verdadera maraña de falsificaciones, deformaciones, incontables puntos a priori que, aunque menos de los que Hegel cometió con el fin de introducir todo en la dialéctica prestablecida de tesis, antítesis y síntesis, *an sich, für sich, an sich und für sich,* no existen ni en el cielo ni en la tierra. El que más sufre es, naturalmente el mundo antiguo, precristiano, no autorizado, por medio del veredicto de la clarividencia steineriana, para poseer alguna forma de espiritualidad verdaderamente individual y activa. Para aquel mundo, y así también para el Oriente, según Steiner, fue efectivamente negada toda verdadera comprensión, y si alguno lo siguiera, tendría un desconocimiento de fuentes espirituales mucho más grave y sistemático de aquel que se guiara en su existencia por el teosofismo.

¿Es posible separar esta parte averiada del resto de la doctrina antroposófica? No es nada fácil en la persona de la mayoría de sus adeptos. Ellos juran con *verba magistri* y ¡ay de aquel que osa tocar un solo punto o detalle de la doctrina del Maestro! Por otra parte, es natural que, hasta un cierto nivel, se vuelva más cómodo adaptarse a las visiones de la evolución cósmica y de lo demás, que el darse prácticamente a los métodos de la "iniciación individual". Pero, doctrinalmente hablando, la separación es factible en el sentido de que se puede reconocer que Steiner ha impartido por doquier enseñanzas prácticas y criterios de separación que son válidos (los cuales, ni son nuevos ni propios solamente del mundo occidental postcristiano, como él supone), y que pueden ser utilizados con plena independencia por los demás: es decir, por la "evolución", por la rencarnación del Cristo que ya actúa en nosotros después de haber obrado mágicamente en el "Alma de la Tierra" con su sangre derramada en el Gólgota, por los ideales de colectividad mística y del "amor" inevitable, que aquí se convierte directamente en el objeto del presente ciclo sobre la tierra, y así sucesivamente[55]. También es digno de reconocimiento el hecho de que Steiner añadió métodos basados en una sólida y firme preparación interior: por lo cual no es necesario hacerse demasiadas ilusiones sobre la

---

[55] Las obras de Steiner, que pueden ser indicadas para este aspecto positivo, son: *Wie erlangt man Erkenntnisse über die höheren Welten?* y, en parte, *Initiaten-Bewusstsein*, traducidas también al italiano por las ediciones Laterza con el título *L'Iniziazione e Coscienza di Iniziato*.

importancia de ellos en el cuadro de la "iniciación individual", es decir, de una autoiniciación, de una vía en la que las simples fuerzas humanas de cada uno serían suficientes y la conexión con una "cadena" regular u organización para iniciados sería superflua.

Steiner comprende y expresa de distinta manera el punto fundamental; refiere, ante todo, que el hombre realice plenamente el poder de la percepción clara y distinta, del pensamiento lógico, de la visión objetiva. Se reconoce la antítesis de la espiritualidad de los iniciados y de la mediumnidad. El ideal para Steiner está en una *ciencia exacta de lo suprasensible*: una visión de la superrealidad tan clara, distinta y objetiva como la que las ciencias experimentales de la naturaleza ofrecen de la realidad sensible. Hay un dicho antroposófico que asegura que la religión debe llegar a ser "científica" en este sentido de claridad y de conocimiento, mientras que la ciencia debe llegar a ser "religiosa", es decir, debe ser capaz de abrazar y de dar en términos de realidad el mismo orden espiritual o "divino", que habitualmente es objeto sólo de sentimientos devotos, de fórmulas dogmáticas, de confusas experiencias místicas o estáticas. Es justa la exigencia porque no basta un simple trabajo intelectual sino que es necesario cambiar las propias actitudes y reacciones de la conducta general de vida. En este aspecto, Steiner logra incluso superar al moralismo, reconociendo que el valor de algunos preceptos morales que tienen casi un carácter universal, son solamente instrumentales para el discípulo; son medios para formar objetivamente al hombre interior y a los órganos del conocimiento superior.

Si como *idea* de la "ciencia espiritual" se puede tributar un reconocimiento positivo a Steiner, como *contenido* y como ejemplo práctico antroposófico debe pensarse que predica bien pero razona muy mal. Tragarse la llamada panorámica teosófica, la cual no encuentra absolutamente ninguna comparación en las grandes ideas tradicionales de Oriente y Occidente como "ciencia espiritual", es algo que no puede pedirse ni al estómago más fuerte. Por el lado formal de exposiciones, como las contenidas en el *libro Gehcimwissenschalt,* existe el agravante de una actitud que no es ciertamente de ciencia espiritual sino precisamente de ciencia naturalista. Como ya dijimos, Steiner simplemente narra, da una especie de crónica de una empresa cósmica fabulosa e inspirada, exactamente como un físico expondría las fases de la evolución material de los planetas. Estamos de acuerdo en que se trata de remplazar el "pensar" por el "ver": pero el "ver" de una ciencia verdaderamente espiritual es un ver intelectual y por lo mismo es un ver que simultáneamente es un comprender, y no un simple ver como mera constatación de hechos y de fenómenos que desfilan delante, del mismo modo de los del mundo sensible; esto, aun cuando el todo no se redujera a un sistema de divagaciones, de imaginaciones y de alucinaciones. Steiner habla continuamente de la necesidad de que se formen nuevos órganos, nuevos sentidos además de los físicos y no se quiere dar cuenta de que no se trata simplemente de esto.

¿Llamaremos acaso menos espiritual a un ciego por el solo hecho de que tiene un sentido menos que los demás hombres? De esta manera no se trata tanto de crearse esta o aquella facultad clarividente o clariyente para percibir otros órdenes de fenómenos, sino que se trata de una dirección interna, por la que no solamente se "ve" más, sino que se *comprende,* no se perciben más "fenómenos", sino significados y símbolos espirituales de esencialidad[56]. Por consiguiente, es necesario decir que la antroposofía como "ciencia-espiritual" y como actitud, se trata mucho más de ciencia en el sentido externo-natural que en el del espíritu; empero, cuando la idea se presenta con exactitud, entonces queda inmediatamente neutralizada, por no decir desacreditada.

---

[56] Esta es la oposición que media entre lo que los escolásticos llaman intuición *intelectual* y la "clarividencia", la cual no suministra más que meras "visiones" y no tiene, en el fondo, ningún valor de verdadera espiritualidad.

Pasando a la práctica, la antroposofía ha colaborado ciertas concepciones teosóficas relativas a la doctrina de varios "cuerpos" del hombre. La razón positiva de ideas de tal género, es la de hacer comprender que el hombre es un ser mucho más complejo de lo que resulta simplemente del binomio alma y cuerpo. Ninguna antigua tradición ha enseñado jamás algo semejante. De una manera o de otra, explícitamente o por símbolos, siempre han sido admitidas formas y energías intermedias entre la pura espiritualidad y la pura corporeidad, entre lo inmaterial y lo material.

El teosofismo había aceptado teorías similares, pero las materializó inmediatamente; había hablado de varios "cuerpos", sin percatarse que el mismo término de "cuerpo" conduce al equívoco; razonando sobre ello, de cualquier modo, como se puede razonar sobre las diferentes sustancias de un compuesto. El número de los "cuerpos" de los teosofistas asciende ordinariamente a siete: cuerpo *físico, etéreo* (o "vital"), *astral* (de los instintos, de las pasiones, y emociones), mental (dinamismos intelectuales), luego otros tres "cuerpos", designados en su mayoría con términos sánscritos (manas, *buddhi* y *atman*) correspondientes a estados superiores. Según el teosofismo, estos "cuerpos" existirían todos juntos en cada ser: el clarividente los distinguiría como una jerarquía de formas cada vez más sutiles, que van desde la materia hasta la divinidad.

La antroposofía vuelve a tomar esta teoría y alguna vez no sólo la deja en su forma materialista-clasificatoria, sino que, como cuando enseña que los "cuerpos superiores" existen objetivamente "fuera" (?) del cuerpo físico, que en el sueño los cuerpos astral y mental "salen" (?) del mismo y así sucesivamente, la materializa todavía más, trata estos "cuerpos" exactamente como cuerpos, es decir, como cosas, cuando en realidad no son más que obligaciones del ser. Pero alguna que otra vez logra ver finalmente las cosas *sub specie interioritatis*, en forma que se acerca algo a la idea justa. Como punto de referencia se coloca el yo completo de un hombre moderno normal, que haya llegado a poseer y controlar conscientemente todos los procesos mentales ("cuerpo mental"). En contra de este "yo" hay, como zona que se esfuma lentamente en la subconsciencia, tres "cuerpos" inferiores: ante todo las pasiones, las tendencias y las emociones que, todavía iluminadas superficialmente por la conciencia, escapan en gran parte del control del yo (cuerpo astral); después esos complejos psico-vitales ya subconscientes, conectados al sistema nervioso y glandular, del que ya hicimos mención (cuerpo etéreo); finalmente, el puro inconsciente de la forma física, con las fuerzas que la rigen y que se manifiestan. Este es el dato correcto. El primer desarrollo razonable de la visión antroposófica se pone en juego en relación a estos tres "cuerpos" inferiores (astral, etéreo y físico) con tres estados: fantasía, sueño y muerte aparente. El segundo desarrollo es la relación de los tres "cuerpos" superiores (los designados con términos sánscritos) con los tres deberes y conquistas espirituales que el "discípulo oculto" puede proponerse en relación precisamente con los tres estados de conciencia reducida a la razón, a los que se ha hecho corresponder los tres cuerpos inferiores. En otras palabras, el "discípulo oculto" puede proponerse alcanzar una autoconsciencia y un dominio directo no solamente en el orden de sus pensamientos (cuerpo mental) sino también en el de su vida emotiva e instintiva, de sus energías vitales y de las mismas potencias que están detrás de los procesos bioquímicos y físicos de su cuerpo. Los tres estados de iluminación espiritual y de superconciencia que permitieran eso, no serían otra cosa que estos tres estados, los tres "cuerpos" superiores, de los que se habla en las doctrinas tan mal divulgadas por los teosofistas. Tales cuerpos estarían, pues, en relación con aquella destrucción del inconsciente, de la que hablamos a propósito de la crítica del sicoanálisis.

Semejante análisis tiene el mérito de desmaterializar un tanto y de indicar, al mismo tiempo, como esquema, las etapas objetivas del camino de la realización trascendente. La distancia que separa estos límites resulta muy clara y, desde luego, se halla muy lejos de estar limpia de escorias, las del sicoanálisis y de las búsquedas síquicas. Y se puede también precisar el significado y la importancia del problema planteado en los términos arriba señalados. Hemos dicho que el yo, del cual el hombre moderno común puede hablar concretamente refiriéndose a un dato inmediato de la conciencia, no es ni el alma como sustancia simple e incorpórea de los filósofos escolásticos, ni el âtmâ incorruptible del Vedânta. En cambio, es la unidad funcional de un conjunto de procesos psíquicos, de tendencias, hábitos, recuerdos y así sucesivamente, más o menos en poder de otras funciones y fuerzas sobre las que se puede poco, porque de ningún modo, la conciencia común y la "voluntad" podrían alcanzarlas. El cuerpo contiene estas fuerzas; al mismo tiempo, da al alma una base para el sentido de su unidad personal, que así condiciona. Cuando esta personalidad está corporalmente condicionada y se tiene a la vista, podríamos decir que, en cierto modo, el alma, aun no siendo producida sólo de eso, nace y muere con el cuerpo. Ahora bien, admitamos como posible el proceso antes expuesto, que va de grado en grado para abajo hacia lo corpóreo, la autoconciencia y la posesión. Es evidente que con un proceso semejante el yo controlaría las mismas condiciones físicas y "vitales" de la personalidad. Es el mismo proceso de la exploración y del dominio de los estratos profundos del ser, sobre el cual se ha hablado a propósito del sicoanálisis y al que en el simbolismo hermético corresponde la siguiente fórmula: *Visita Interiora Terrae Rectificando Invenies Occultum Lapidem Veram Medicinam* (intérnate en las profundidades de la Tierra, modificando la piedra oculta y encontrarás la verdadera medicina).

Si la antroposofía, por una parte, evoca de nuevo las ideas de una sabiduría antigua, por otra parece casi arrepentirse y vuelve a sus obsesiones evolucionistas. Baste solamente indicar que los tres "cuerpos" superiores, en lugar de ser entendidos como estados sin límite de tiempo, sobre lo histórico, a los que sólo se les puede mirar excepcionalmente, ¡se convierten en tres conquistas que toda la humanidad, guiada debidamente por arcángeles y otros seres del género, realizará en el tiempo en tres futuros planetas, que remplazarán al actual como rencarnaciones del "alma de la tierra"!

Pero esto no basta. En un punto de su libro *Iniciación* Steiner declara que en su desarrollo espiritual el "discípulo oculto" se encontrará frente a una alternativa; se presentaría la posibilidad de poner las facultades adquiridas al servicio de la evolución de la humanidad o bien de retirarse a mundos trascendentes. Para Steiner, aquellos que se deciden por la segunda alternativa pertenecen más o menos a una "logia negra" y nunca un "verdadero" iniciado tendrá que hacer algo con ellos[57].

Esto es, una vez más, un índice claro del nivel intelectual de corrientes semejantes. Ni siquiera se tiene una sospecha de que también ser indulgente con preocupaciones "altruistas" del género y dedicarse a hacer algo por la humanidad, no sean los únicos modos de ayudar; que, quien realiza en verdad estados trascendentes y los hace residencia fija se transforma por esto mismo en un poderoso horno de energías mucho más eficaces que las de los imaginarios iniciados antroposofistas y rosacrucianos que "renuncian" y se dedican al servicio de la humanidad.

Pero una vez más es el error evolucionista el que constituye la piedra de comparación de la insensibilidad metafísica con la falta de un verdadero sentido de lo sobrenatural y eterno.

La enseñanza tradicional no ha conocido jamás algo semejante. Nosotros mismos hemos conocido discípulos de Steiner quienes, en relación con todo el sistema, tienen la

---

[57] Es posible que la base de esta idea se encuentre en ciertas exposiciones populares, tomadas a la letra, del budismo maháyánico, en las que los bhodisattva renuncian al nirvana y se entregan a ayudar al mundo, como si el nirvana fuera una casa a la que se puede entrar y salir, y no un estado en el que, una vez conseguido, es inalienable.

desvergüenza de preguntar quién nos dijo que su maestro no vio más a fondo que todos los "grandes iniciados" que lo precedieron, así como otro de sus secuaces ha dado a conocer sus elucubraciones parasteinerianas como algo que va "más allá del yoga, del zen" de la tradición: ¡hasta tal punto llega la infatuación antropofósica! Sobre el tema específico, más allá de toda "evolución", según la enseñanza tradicional, está un caso cíclico: la teoría hindú del *kalpa,* la clásica de los "años cósmicos" o de los eones. La concepción cíclica es la más cercana a la suprema porque, como ya fue puesto de relieve por Platón, Plotino y Proclo, en el decurso cíclico el tiempo se vuelve una especie de imagen y de símbolo de la eternidad para quienes, en la jerarquía de los grados del conocimiento, dicha concepción es el último límite que separa de la destrucción del espejismo cósmico y de la realización del orden absolutamente supratemporal. Puede decirse que lo extraordinario está ligado incluso materialmente a la ley cíclica, en una especie de "eterno retorno", que sin embargo, no tiene nada que ver con la rencarnación hasta que no sea capaz de este salto, identifícado con el "despertar" y la "gran liberación", la cual se encuentra en una dirección perpendicular, vertical, respecto a la horizontal de toda temporalidad y de toda causa. Qué decir frente a semejantes horizontes, de las extravagancias del "evolucionismo" y del "desarrollo de la humanidad".

Bastarán estos datos para formarse una idea conjunta de la inclinación y de la naturaleza de la antroposofía. Mucho más que en las otras corrientes ya consideradas en ésta hay una parte esencial que es solamente construcción personal de su fundador, sobre la cual, como ya se ha dicho, han actuado visiblemente motivos propios a la mentalidad occidental: el mito cristiano, una actitud a pesar de todo naturalista, proveniente de la "ciencia de la naturaleza", el evolucionismo relaborado en una filosofía de la historia, una sistemática racionalista. Acerca de los panoramas extravagantes de la rencarnación, de la antropogénesis y de la cosmogénesis de Steiner, en gran parte nos remiten al teosofismo, de donde Steiner los ha vuelto a tomar, no obstante que él hace referencia a una clarividencia personal. Así se revela el contagio de las mismas influencias que han constituido ni más ni menos los acontecimientos e intrigas ocultos del teosofismo. La exigencia de una *ciencia* de lo suprasensible (entendida sin embargo, a nivel de la "gnosis") y de un método consciente opuesto al misticismo y a la mediumnidad debería juzgarse en términos positivos, pero como ya se ha visto, prácticamente ha quedado en el estado de exigencia; el ideal de una "iniciación activa" puede ser válida, dentro de ciertos límites y bajo ciertas condiciones; en particular, poniendo a un lado la extravagancia de que en un simple sistema de "ejercicios" individuales, sin una influencia superior, en los términos de una "autoiniciación", se pueda alcanzar algo esencial y serio y se esté protegido de peligros en cualquier parte en donde se haya efectivamente tratado de experiencias "ocultas"; el mismo maestro Steiner no ha pado en forma ostensible[58].

La presencia de estas primeras notas positivas en la antroposofía, juntamente con un mecanismo formal sistemático, puede tal vez explicar en parte el hecho singular de que la antroposofía ha encontrado acogida también entre personas dotadas -a diferencia de la mayor parte de los teosofistas- de

---

[58] Acerca de la "clarividencia", los que pretenden poseerla, se cuidan de dar alguna prueba positiva. En lugar de extenderse en las "crónicas del Akaca" y de referir algo sobre cada especie de accidente cósmico y de apartadísimos estadios evolutivos pasados y futuros, ellos harían bien, en primer lugar, en acreditar la pretendida facultad con algún hecho insignificante pero controlable. Se dice de Steiner, quien lee en los eones cósmicos y en el futuro oculto del universo y de la humanidad con su clarividencia, que él ni siquiera se había dado cuenta de que su centro, el Goetheanum, estaba ardiendo. Cuando se ha arriesgado con alguna previsión controlable, las cosas han ido mal, así como cuando los antroposofistas habían predicho que si el hombre hubiera salido del aura terrestre se habría desintegrado, habría sido aniquilado por tremendas fuerzas cósmicas ocultas, cuando, mientras tanto, viajes de hombres a la luna estaban tomando un carácter casi turístico. Acerca de la extravagancia de la "autoiniciación" sería difícil nombrar un solo antroposofista que deba alguna cualidad excepcional a los correspondientes "ejercicios", antes que poseerla ya con anticipación.

cultura intelectual. Hemos dicho, sin embargo, "en parte", porque permanece incomprensible que hayan considerado evidentemente como inexistentes en el steinerismo verdaderos desatinos que se palpan con la mano y un fondo de fantasías delirantes y que, inseparables del conjunto, deberían bastar para rechazarlo con toda decisión y a pesar de todo. Ellos también deben estar sojuzgados a sugestiones particulares, generadores de algo semejante a la vertiginosidad intelectual de las manchas en el campo visual que impiden patológicamente la percepción de una parte de éste.

VI

El neomisticismo: Khrisnamurti

En relación a las diferenciaciones de las que nos ocupamos, es oportuno considerar brevemente el fenómeno "místico" en una acepción más amplia.

El término "místico" procede del mundo de los misterios antiguos, pero ha sido usado sucesivamente para designar una orientación del hombre religioso cuando busca tener alguna experiencia interior sobre el objeto de su fe, constituyendo el éxtasis su límite. Por último, se ha procedido a una generalización en base a la cual la "mística" se convierte en sinónimo de ensimismamiento fervoroso sin reducirlo al campo religioso en sentido propio y positivo.

No se trata aquí de profundizar en el misticismo religioso, que por lo demás presenta muchas variantes[59]. Para nuestros fines bastará recordar la distinción sumaria entre dos actitudes diferentes ante lo "espiritual" y dos modalidades de la misma experiencia. Puede decirse que el "misticismo" está caracterizado por un acentuado elemento subjetivo, irracional y "estático". La experiencia vale esencialmente por su contenido de sensación y por embeleso que se le añade. En general, toda exigencia de control lúcido y claridad, está ausente y queda excluido. El principio agente es el "alma" más que el "espíritu" y por ello

---

[59] Sobre este asunto cfr. nuestro libro *L'Arco e la clava*, Milán, y el ensayo contenido en *Introduzione alla Magia*, cit., vol. III, pp. 274 os.

puede considerarse como lo opuesto al estado místico, el de la "intuición intelectual"; éste es como un fuego que consume la forma "mística" de una experiencia, recogiendo objetivamente su contenido, según la claridad, y no como inmersión en una "revelación" de trascendencia inefable. Además, es activa, mientras que la experiencia mística es pasiva y "estática".

En general, un principio de la sabiduría tradicional sostiene que para conocer la esencia de una cosa es necesario que *se llegue a ser* era misma cosa. "Sólo se conoce aquello con lo cual es posible identificarse", superando la ley de la dualidad que gobierna la experiencia común. A propósito de esto mismo debe tenerse presente la acentuada distinción entre un dominio lúcido de la experiencia y su clara percepción suprarracional y el perderse en ella. Por consiguiente a la experiencia mística, como tal, no se le puede reconocer un verdadero carácter "noético". Para ella puede aplicarse lo que dijo Schelling al valorizar actitudes semejantes: al místico le sucede lo que lo sucede; no sabe fijar su objeto delante de él, no sabe el modo como conseguir que se refleje en sí mismo, como si fuera en un límpido espejo. Muy cerca de lo "inefable", en lugar de adueñarse del objeto, se vuelve, él mismo, un "fenómeno", es decir, algo que tiene necesidad de ser explicado[60]. A nuestros efectos al hablar de éxtasis tratamos de indicar fenómenos que, a pesar de no tener relación con horizontes religiosos y trascendentes, afectan a un plano diferente al material. En esta misma dirección podemos continuar exponiendo las ideas desarrolladas por P. Tillich[61].

Tillich se ha percatado de que en el mundo físico toda realidad existe con su forma y con su unidad, unidad y forma que están impresas visiblemente en el ser y como ser, como realidad

---

[60] W. J. SCHELLING, *Zur Geschichte der neuren Philosophie*, S. W. (I), Y. X, pp. 187-189.
[61] P. TILLICH *Das Dimonische*, Tübingen, 1926.

de las cosas. No ocurre así en el mundo interior. Lo que en este mundo corresponde a la forma y a la unidad presentada por las cosas materiales -la personalidad, el yo- es un principio invisible que tiende a completarse y mientras se completa y se contrapone al ser, tiende a la independencia del ser y a la libertad.

Pero puede suceder que, de la misma forma que una corriente más fuerte y veloz, cuando irrumpe en otra más débil, puede absorberla y arrastrarla consigo, así también, en ciertas condiciones especiales, un determinado objeto o ideal puede provocar en el hombre una especie de ruptura en la tendencia principal, concentrándose sobre sí mismo. El objeto suministra un centro y el proceso de la formación interna se interrumpe. Tal es la identificación "mística" con un objeto: proporciona a la personalidad el modo de liberarse y de salir efectivamente de sí. Es, pues, como una liberación y una destrucción al mismo tiempo. Aquello que transporta da también un sentido de liberación, despierta una más elevada y seductora sensación de la fuerza vital, desligada de la forma.

Se comprende, entonces, cómo puede surgir el misticismo aun de cosas profanas. Cualquier objeto, en el fondo, puede producir una identificación mística y un correlativo grado de arrobamiento "estático", un entusiasmo que, por otra parte, puede también ser creativo. La estructura del fenómeno queda al margen. El hecho de que el objeto místico no sea una divinidad sino una ideología, un partido político, una cierta personalidad y hasta un deporte o una de las "religiones profanas" de nuestros días, no es indiferente desde el punto de vista de la naturaleza de las influencias a las cuales el estado "místico" abre los caminos, pero desde el punto de vista objetivo, no constituye una diferencia. Se da siempre una destrucción espiritual, la sustitución de una forma y de una unidad que no es la del sujeto, con el sentido de separación, de *detenerse* y de animación estática.

La consideración del fenómeno místico considerado desde este punto de vista nos conduciría muy lejos: desde el psicoanálisis a la psicología de masas, pasando por las variedades del nuevo colectivismo y las técnicas de subversión y demagogia. Nos limitaremos, en este campo, a algunas indicaciones.

Un fenómeno reconocido oficialmente y necesario en la práctica psicoanalítica es el llamado *transfert*. En él, el psicoanalista, como se dijo, va en cierto modo a sustituir al sujeto, proporcionándole un punto de referencia para liberarse de las tensiones que desgarran su personalidad, para "vomitar fuera" todo lo que se ha acumulado y reprimido en su subconsciente. Aparte de los resultados terapéuticos, desde el punto de vista espiritual, la contraposición de todo esto puede ser precisamente el abandono y la interrupción de la tensión hacia un verdadero complemento de la personalidad y es interesante que semejantes "identificaciones" pueden acompañarse del fenómeno de la *ambivalencia*: amor que se mezcla con odio o que desemboca en odio. El fenómeno es significativo porque en pequeñas dimensiones toma el sentido de lo que muchas veces sucede en los fenómenos colectivos de *transfert* y de "éxtasis". También ellos pueden permitir cierta "ambivalencia", porque el sentimiento subconsciente de la violación íntima puede afirmarse como odio después del arrobamiento y el embeleso que despierta la identificación liberadora. La historia reciente nos muestra también ejemplos característicos. La técnica de la demagogia se apoya generalmente en un *transfert* sobre la liberación "estática". Las hipótesis explicativas de los psicoanalistas que recurren a la interpretación sexual de las experiencias de los salvajes, tenidas como supuestos antepasados de toda la humanidad, no son más que tonterías. Sin embargo, queda el esquema del *transfert* y de la proyección fuera de sí del propio centro con el concomitante y muy visible fenómeno de pasar al estado libre de un enorme potencial psíquico-vital. Ahí donde los principios demagógicos revistiendo el carácter llamado "carismático" logran producir la identificación mística, nacen movimientos arrolladores de multitudes, que no se detienen ante nada y en los cuales cada uno cree vivir una vida más elevada. Libre del propio yo, gozoso de transferir a otros hasta la capacidad de pensar, de juzgar y de mandar, puede manifestar efectivamente dotes de valor, de sacrificio v de heroísmo que van más allá de cuanto es posible a toda persona normal y a él mismo como parte desprendida del todo. En los tiempos modernos, tal vez de la Revolución Francesa en adelante, fenómenos semejantes han presentado un carácter siniestro porque los que determinan y guían por un cierto tiempo estas corrientes colectivas, son ellos mismos, más o menos, instrumentos de fuerzas ocultas.

Un caso particular de "misticismo" está constituido por el fenómeno mesiánico. El Mesías, como salvador, no es en el fondo más que un ideal inconsciente que se presenta a cada uno como realizado en otro ser. También en este caso se produce el fenómeno del *transfert*, con síncope del proceso de formación y de integración del yo y con el consiguiente ya indicado sentido de descarga y de liberación (es la atmósfera de liberación que se forma en torno al Mesías).

Naturalmente, no está excluido el caso de personalidades superiores cuyas fuerzas pueden unirse a aquellas que se mantienen a la expectativa "mesiánica", en forma tal de no alterar ,¡¡no de completar el proceso de formación interna, guiando pues a los individuos hacia sí mismos, hacia la conquista de su forma. Este caso es así real como el de una efectiva elevación de cada uno "por participación", cuando conscientemente toma parte de una jerarquía tradicional centrada en representaciones efectivas de la autoridad espiritual.

En pocas palabras, el fenómeno mesiánico es muy poco frecuente en nuestros días, cuando por todas partes se va en busca de gurus y similares. En la mayoría de las corrientes espiritualistas, cuando no es la rareza Y el atractivo de doctrinas "ocultas" para atraer a las almas, se trata precisamente de un vago deseo mesiánico, que se concentra en principios de sectas y escuelas a las que circunda la aureola milagrosa de "maestro" y de "adepto". En el teosofismo la cosa había tomado un carácter consciente y sistemático. Convencidos de la necesidad de un nuevo "Instructor del Mundo", se dieron a preparar el advenimiento, estableciendo para ese objeto una asociación mundial, la *Orden de la Estrella de Oriente,* la cual, según el oráculo de Besant, terminó con designar apto a un joven hindú para encarnar a la esperada entidad.

Se trata de Jiddu Krishnamurti, quien, por otra parte, llegado a la mayor edad y al conocimiento de sí mismo, con una innegable fuerza de carácter dió un inesperado golpe de escena adoptando resueltamente una nueva dirección. En esta etapa mantuvo la misma ambigüedad en su doctrina llamada "espiritualismo", por lo cual vale la pena examinarla desde su principio, aunque solo sea en forma sucinta.

* * *

En el campamento veraniego de Ommen, Holanda, en el año de 1929, Krishnamurti disolvió la *Orden de la Estrella* declarando al mismo tiempo su credo, sin atenuantes. He aquí algunas de sus palabras: "Yo no tengo más que una meta: liberar al hombre, ayudarlo a romper las barreras que lo limitan, porque solamente esto le dará la felicidad eterna, el conocimiento incondicionado y la expresión de su yo. Desde el momento en que seguís a alguien, dejáis de seguir a la verdad, estáis habituados a la autoridad o a una atmósfera de la autoridad. Creéis, esperáis que otros, por medio de poderes extraordinarios y milagros, os transporten a la región de la libertad eterna. Deseáis nuevos dioses en el lugar de los antiguos, nuevas religiones en el lugar de las antiguas, nuevas formas en lugar de las anteriores, todas igualmente sin valor, todas ellas barreras, limitaciones, muletas. Desde hace dieciocho años habéis preparado mi venida al mundo. Y cuando yo vengo a deciros que es necesario arrojar todo eso y buscar por vosotros mismos la iluminación, la gloria, la pureza y la incorruptibilidad del yo, ni uno solo de vosotros acepta hacerlo. ¿Para qué pues, tener una organización? Yo sostengo que la verdad es un páramo salvaje y que no es posible llegar ahí por alguna vía trazada, ya sea una religión o una secta. Pera aquellos que verdaderamente desean comprender, que se esfuerzan por encontrar lo que es eterno, sin principio ni fin, marcharán juntos con más fervor y serán un peligro para todo aquello que no es esencial, para la irrealidad, para los espectros"[62].

En sí misma, ésta hubiera sido una saludable reacción, no sólo contra el mesianismo teosófico, sino también, y de forma más general, contra la actitud extravagante de la que ya hemos hablado. A pesar de todo es necesario hacer notar dos puntos.

El primero es que, a pesar de todo, después de las declaraciones de Krishnamurti las cosas han cambiado poco; al igual que antes se han celebrado reuniones y asambleas con gran entusiasmo, teniéndolo como centro; ha sido creada una "Fundación Krishnamurti" que se propone adquirir un fondo en Inglaterra para establecer allí, según el deseo del mismo Krishnamurti, un centro para la difusión de sus ideas; se han editado libros con títulos como *Krishnamurti, el instructor del mundo* (de L. Renault), *Krishnamurti, el espejo de los hombres* (de Y. Achard), *Krishnamurti, psicólogo de la nueva era* (de R. Linswn) y otros por el estilo. Así el mito ha ido reconstruyéndose con singular rapidez y Krishnamurti sigue ejerciendo de maestro y predicador de una nueva visión de la vida. Se ha pretendido que esto no es exacto, porque el nuevo Krishnamurti no quiere sustituir a cada uno, sino que desea estimularlos a tomar de forma autónoma, una conciencia más profunda de sí mismos, presentándose sólo como un ejemplo y actuando únicamente como "catálisis espiritual" sobre los que acuden a escucharlo.

Algo por el estilo puede concebirse en el caso de centros reducidos y pequeñas reuniones en algunos *asram* hindúes y

---

[62] *La Dissolution de l'Ordre de l'Étoile*. Una declaración de J. Krirhnamurti, Ommen, 1929.

grupos iniciáticos en los que una personalidad superior puede efectivamente crear una atmósfera casi magnética, sin predicar. En cambio, es muy difícil concebirlo cuando se pone a impartir conferencias en todos los rincones del mundo profano y para un público muy numeroso, incluso en teatros y universidades, habiendo llegado, finalmente, a interesar a un público tanto intelectual como mundano. Lo menos que puede decirse es que Krishnamurti se ha prestado a todo eso, utilizando el acostumbrado título de "maestro" y proclamando, paralelamente, que no es necesario buscar un maestro.

El segundo punto consiste en que Krishnamurti, a pesar de todo, expone una enseñanza y una doctrina, que desde su principio hasta hoy ha permanecido prácticamente invariable, caracterizada por acusadas ambigüedades, muy peligrosas por lo demás, debido a que nunca aclara la verdad de su ideología.

Liberar a la vida del yo, es, en el fondo, lo que Krishnamurti anuncia. Verdad, para él, significa vida; y vida significa felicidad, pureza, eternidad y otras cosas más, sinónimos de éstas. Además, liberar la vida y liberar el yo son casi sinónimos, porque Krishnamurti insiste en la distinción entre un falso yo personal y un yo eterno, el cual, es uno con la vida y con el principio de todas las cosas. El hombre ha impuesto toda clase de limitaciones a este yo, es decir, a la vida: creencias, preferencias, hábitos atávicos del corazón y de la mente, aficiones, escrúpulos religiosos, temores, prejuicios, teorías, vínculos y exclusivismos de todo género. Todas las barreras que se deben superar para volver a encontrarse a sí mismas, para realizar lo que Krishnamurti, llama la "unicidad individual" (*the individual uniqueness*). ¿Pero este "a sí mismo" -dado que después equivale al "yo de todo, a la unidad absoluta con todas las cosas, al fin del sentido de separación"[63]- se distingue mucho de cualquier cosa

---

[63] J. KRISHNAMURTI, *La Vita Liberata*, Trieste, 1931, p. 28.

semejante al *élan vital* de Bergson y al objeto de las novísimas religiones del irracionalismo y del idealismo más o menos panteístas y naturalistas? ¿Con qué derecho llamarlo "yo"? ¿Y aquello que precisamente se puede llamar "yo" según Krishnamurti, en el fondo ¿acaso no es sólo un principio negativo, una superestructura que, creada por agregación de prejuicios, temores y pactos, sofoca lo que sería solamente real, la vida, exactamente como en el psicoanálisis y en el irracionalismo?

Krishnamurti no dice nada para hacernos entender qué sentido tienen algunas expresiones utilizadas por él -"a sí mismo" o "unicidad individual"- en donde la perfección y la meta son concebidas simplemente sin diferencias de muchas y variadas formas, semejantes - según sus mismas palabras[64]- al agua corriente que avanza siempre y nunca está quieta, a la llama que no tiene forma definida, débil, inconstante de momento a momento, y por lo mismo indescriptible, en ningún modo posible de limitar, indomable. Dar a la vida, sobre esta base, la cualidad de felicidad, de alegría libre y estática cuando toda oposición es superada, cuando ningún límite, ningún dique la contiene, ciertamente es posible que puede manifestase y extenderse sin esfuerzo con legítima espontaneidad[65]. Pero no lo es hablar al mismo tiempo de incorruptibilidad, de eternidad, de verdadera liberación de la ley, del tiempo. No se puede querer simultáneamente aquello que está por venir y aquello que ya existe, aquello que continuamente cambia y aquello que es eterno e invariable. Siempre, las enseñanzas sapienciales han señalado dos regiones, dos estados: mundo y sobremundo, vida y supervisa, fluidez y fuga de las formas (samsára) y permanencia del centro. Krishnamurti mezcla las dos cosas en una extraña amalgama, en una especie de traducción de la enseñanza hindú de la identidad entre atma y brahmán en términos de

---

[64] *Ibid*, pp. 113, 122.
[65] *Ibid.*, p. 17.

irracionalismo idealista occidental. Y decir que si ésta era su más profunda exigencia, en una de las tradiciones de su país, en el mahāyāna habría podido encontrar todo lo necesario para presentir en qué sentido podría efectivamente existir algo superior a aquella oposición.

Krishnamurti tiene razón al decir que el hombre debe suprimir la distancia entre sí mismo y la meta, convirtiéndose él mismo en meta[66], no dejando escapar como una sombra situada entre el pasado y el futuro, aquello que sólo es real y en lo cual únicamente puede poseerse y despertarse: el momento presente, el momento del cual nunca se sale. Esta podría ser también una saludable reacción contra la ya denunciada ilusión evolucionista, que rechaza llegar al final de la meta, que en realidad, sólo puede alcanzarse más allá del tiempo y de la historia.

Pero, ¿acaso no podría reducirse también lo estático a lo meramente instantáneo, a la embriaguez de una identificación que destruye toda distinción y toda sustancialidad espiritual?

Indicar el principio de no depender de nada, fuera de sí mismo, no es suficiente. Es necesario explicar qué relación se mantiene con este "sí mismo"; es necesario establecer si se es capaz, respecto a sí mismo, de dominio, de conocimiento y libre dirección, o bien si se es incapaz de ser diferente de aquel que momento a momento, conforme a la espontaneidad pura, la "vida liberada" desea, actúa y crea en nosotros una disposición para elegir tal estado incluso como ideal. Y si esto se refiere a la tarea de dar una forma y una ley a un ser personal puede también suceder que constituya también, en cierto plano, el límite para declarar la libertad.

Krishnamurti habla, ciertamente, de aquella rebelión que es

---

[66] *Ibid.*, p. 69.

ilusoria, porque expresa una velada autoindulgencia e intolerancia[67]. Dice que para comprender lo que entiende por libertad de la vida, es preciso prefijarse aquella nota, que es liberación hasta de la vida[68]. Acentúa que si la verdadera perfección no tiene leyes, eso no debe ser interpretado como un estado de caos, sino con superioridad de la ley y del caos, como convergencia el origen de todo, de donde surge toda transformación y dependen todas las cosas[69]. En fin, afirma que debemos crear un milagro de orden en este siglo de desorden y de superstición, pero sobre la base de un orden interior nuestro y no sobre el de una autoridad, de un temor o de una tradición.[70] Pero estas alusiones que en general podrían indicarnos una justa dirección espiritual son poco convincentes, dado el espíritu del conjunto sin ser corroboradas por ninguna indicación concreta de método y de disciplina porque, como se ha visto ya, Krishnamurti es opuesto a cualquier vía prefijada: piensa que no existen senderos para la realización de la verdad, es decir de la vida; que un deseo y una aspiración de felicidad tan intensos como para eliminar uno o todo objeto particular, un amor sin límites, no individual, no para una vida, sino para la vida, no para un determinado ser, sino para cualquier ser, bastan para conducir a la meta.

Más allá de todo esto, como único camino está indicada la suspensión de los automatismos del yo y de sus represiones, el cesar del flujo mental en una especie de "solución de continuidad" espiritual. Cuando caen por tierra todas las barreras, cuando no hay nada en nosotros que sea determinado por el pasado o por lo ya conocido, nada que tienda hacia algo, en ese momento podría tenerse conocimiento del verdadero sí, la

---

[67] *Revista Ananda*, 1, p. 5.
[68] *La Vita Liberata*, cit., p. 49.
[69] En el apéndice de L. de MANZIARLY y C. SUARES, *Saggio su Krishnamurti*, Génova, 1929, p. 83.
[70] J. Krishnamurti, *La Vita Liberata*, cit. p. 52.

aparición de lo que Krishnamurti alguna vez llama místicamente "lo desconocido", como un hecho espontáneo y con carácter de imprevisto, y no como el "resultado" de una disciplina, de un método y de una iniciativa del yo, porque sería absurdo que el mismo yo pudiera "suspenderse" y "matarse" a sí mismo; cada esfuerzo volvería a encerrarlo en sí mismo. Después de este despertar hipotético el yo desaparece, no es ya el yo, "se convierte en la vida".

Tales ideas parecerían presentar analogías, no sólo con la doctrina mística cristiana que lleva resignación al espíritu (donde, sin embargo, el concepto de gracia tiene una parte esencial), sino con las del taoísmo y con una de las dos escuelas principales del zen, las cuales parece ser que Krishnamurti conoce muy poco, ya que en una declaración reciente incluyó al mismo zen (junto con el hinduismo, con el método cristiano y con "todos los sistemas") entre las "patrañas", diciendo que una mente que se ejercita en base a cualquier sistema o método "es incapaz de comprender lo que es verdadero". De hecho, las citadas analogías son relativas, el taoísmo y zen tienen un cimiento e implicaciones histórico-existenciales muy diversos. Tal vez sea necesario tener en cuenta el exceso, en parte explicable, de una reacción contra el confuso engranaje del teosofismo y el relativo bagaje de creencias, de "iniciaciones", de "ejercicios", de tratos", de "cuerpos" y así sucesivamente.

En cuanto a las confusiones indicadas anteriormente, también es posible que las palabras traicionen el pensamiento de Krishnamurti y que el mismo carácter de su experiencia personal unido a la falta de una sólida preparación doctrinal hayan impedido fórmulas más adecuadas. Sin embargo, las confusiones expresivas podrían también reflejar la ambigüedad de su misma experiencia, con el resultado de que no da ninguna verdadera orientación.

En general, quedan como características en Krishnamurti el rechazo absoluto e indiscriminado de toda autoridad (hecho que hasta podría ser explicado sicoanalíticamente en el sentido de que Krishnamurti tuvo que soportar en su familia un torpe despotismo paterno); la negación de toda tradición, por consiguiente, un individualismo y un anarquismo en el campo espiritual, pero también, al mismo tiempo, una especie de encarnizamiento contra todo aquello e es " o". él coloca la construcción del yo, de "aquella ilusión que es el yo", en el mismo plano del "pecado original" del cual hablan los cristianos. Es necesario entenderse sobre este punto. La referencia justa podría ser proporcionada por la máxima iniciática: "Pregúntate si eres tú quien tiene al yo, o si el yo es quien te tiene a ti". No hay duda de que es necesario liberarse de un cierto yo; la *vía remotionis (el camino de remoción)*, la destrucción del "hombre antiguo" (el cual luego, desde otro punto de vista, no es más que el "hombre nuevo", el más reciente) es una condición que ha sido siempre reconocida para la reintegración espiritual. Pero al mismo tiempo es preciso subrayar una continuidad fundamental y no insistir sobre rígidas antítesis. Sería oportuno volver al simbolismo del hermetismo alquimista el cual considera más bien un baño en un "agua de vida" que destruye y disuelve advirtiendo sin embargo que las sustancias a las cuales se somete a tal baño deben contener un grano *de oro indestructible (el* símbolo del oro se refiere al principio yo) destinado a reafirmarse en aquello que lo ha disuelto, y a volver a surgir su potencia en forma superior; sin que por esto deje de conseguirse la perfección de la "grande obra", que se detiene en la llamada fase de la *blancura* que se halla bajo el signo de la mujer, más bien del dominio femenino sobre el hombre[71]. Este esquema orienta mejor y pone en su lugar lo que está entremezclado con las ambigüas ideas de Krishnamurti, en el orden de las cuales la negación del yo derivaría del hecho de que ello sería un factor estático, "un paquete inerte" que se opone a aquel cambio y a aquella

---

[71] Sobre esta enseñanza del hermetismo, cfr. nuestra obra *La tradición Hermética.* Martínez Roca, Barcelona 1976.

continua transformación que constituirían la esencia siempre nueva e incoercible de lo real.

En un plano más contingente, Krishnamurti no habíía debido olvidar una máxima (e la tradición de su misma tierra que, juntamente con otras, quiere arrojar al mar: "Que el sabio no turbe con su sabiduría la mente de los ignorantes". Venir a proponer ideas, que son verdaderas, si acaso, al nivel de un verdadero "liberado", a aquellos desorientados que, como los hombres modernos, tienen demasiados incentivos que los lanzan al caos y a la anarquía, no es ciertamente una cosa sabia. El hecho de que frecuentemente tradiciones espirituales y sabias, símbolos estructuras rituales y ascéticas no sean otra cosa que formas vacías que aún sobreviven, no debería impedir el reconocimiento de la función positiva que pueden haber tenido y que siempre pueden tener en el marco de una civilización más normal, y en relación con los pocos que todavía saben entender, vale la pena hablar para ellos, para que puedan también concebir una autoridad, la cual no sea nunca un principio de represión o de enajenación. Puede pasar por alto las sobrestructuras, los apoyos y los vínculos (muchas veces destinados solamente a sostener) quien ya se siente con fuerzas suficientes para ponerse de pie. Parece que Krishnamurti no se preocupa de esto: incita democráticamente a todos a la gran rebelión y no a aquellos pocos para quienes solamente ella puede ser saludable y verdaderamente liberadora.

Es muy significativo el hecho de que después del año de 1968 se haya podido advertir una particular receptividad de las ideas de Krishnamurti en ambientes estudiantiles de muchas grandes universidades cuyos estudiantes integraron la "contestación", rechazando todos los sistemas y valores tradicionales en nombre de una "libre explicación del propio ser"[72]. Por otra parte, antes había aparecido el fenómeno que se conoció como *mystic beat* (golpe místico) y el movimiento de la *beat generation* que se vió seducido por los aspectos irracionales del zen y su negación casi nihilista e iconoclasta de esta doctrina iniciática. Ello confirma el sentido inquietante y distorsionado en el cual pueden funcionar hoy algunas ideas, cuando no se entiende el plano que condiciona cada una de sus legítimas fórmulas.

Esta alusión a ciertos ambientes de jóvenes occidentales que recientemente han sido atraídos por las ideas de Krishnamurti surdas realizadas al margen de aquel mundo deberían explicarse refiriéndose a ella, si en lugar de ser atribuidas al individuo y a las influencias de una ideología que niega todo concepto de culpa, conduciendo hacia el plano de una vida verdaderamente "liberada".

---

[72] R. LINSSEN, *Krishnamurti, psychologue de l'Ère nouvelle*, París, 1971, p. 41. A. NIEL ha escrito también un libro intitulado *Krishnamurti et la révolte*.

VII

Paréntesis sobre el catolicismo esotérico y sobre el tradicionalismo integral

Ya hemos destacado que una de las causas que han propiciado la difusión del neoespiritualismo es el carácter mismo de la religión que ha predominado en Occidente: el cristianismo y, en particular, el catolicismo. Con su doble aspecto de sistema teológico- ritual y praxis devocional moralizante, el catolicismo parece ofrecer muy poco para satisfacer la necesidad de lo sobrenatural, experimentada por muchas personas en los últimos tiempos; estas personas han buscado fuera del cristianismo lo que no encontraban dentro, entre doctrinas que parecían prometer algo más.

El "espiritismo", que ofrecía dialogar con los "espíritus", contemplaba lo sobrenatural como experiencia, mientras que el catolicismo, caracterizado por la pretensión de poseer en exclusiva y sobre cualquier otra religión, una verdadera teología de lo sobrenatural, contempla a Dios como un ser personal separado y muy por encima del mundo natural. Esta teología difería de cualquier otra en que el Dios-persona parecía ser insuficiente para admitir una relación "dual" de "yo" a tú", entre la criatura y el creador. Ciertamente, junto a esto, existe una mística cristiana y, por lo demás, el catolicismo ha conocido órdenes monásticas que pretendían cultivar una vida de pura contemplación. Pero, dejando aparte el hecho de se trata de una vía apta solo para vocaciones muy específicas, la revisión del concepto de Dios personal que implicaba la vía mística, frecuentemente ha sido contemplada por la ortodoxia como una peligrosa herejía (limitando el concepto de la *unio mystica* o "vida unitiva"); el catolicismo más reciente incluso tiende a olvidar cualquier corriente mística en beneficio de la llamada "atención pastoral de las almas"; la causa de su principal preocupación ha consistido en callar ante los cambios postconciliares que sitúan en primer plano las meras instancias sociales y socializantes, acompañadas de escuálidos ingredientes humanitarios, pacifistas y democráticos; cualquier elemento que pudiera tener un carácter de verdadera trascendencia, ha sido relegado a un plano secundario o simplemente olvidado. De aquí el vacío que, junto con la crisis del mundo moderno, ha impulsado a muchos a buscar en otras corrientes, frecuentemente en la misma línea del neoespiritualismo contemporáneo, con el riesgo de que fuerzas sombrías perviertan las más altas aspiraciones.

Pero un análisis objetivo implica algunas precisiones.

El primer cristianismo se nos presenta como una típica religión del kali-yuga de la "edad oscura", época correspondiente a la enseñanza occidental de la "edad del Hierro", de la que Hesiodo dijo que el destino de la mayoría era "extinguirse sin gloria en el Hades". La predicación cristiana, dirigida originariamente, a los desheredados y a los que carecían de tradición en el mundo romano, terminó generando un tipo humano muy distinto al que contemplaban tradiciones de nivel más elevado, un tipo cuya relación y acceso a lo divino se encontraba en una situación desesperada. De esta manera, la predicación tomó la forma de una doctrina trágica de salvación. Se afirmó el conocido mito del "pecado original" y, para remediarlo, se indicó una alternativa de salvación o perdición eterna, que debía dirimirse de una vez y para siempre sobre esta tierra; la alternativa quedaba, finalmente dramatizada con representaciones impresionantes del más allá y visiones apocalípticas. Era una manera de provocar en ciertas personas una tensión extrema, una ansiedad, que asociada especialmente al mito de Jesús, entendido como "Redentor", podía dar sus frutos: si no en esta vida, si, al menos, en el momento de la muerte o en el *postmortem*, en tanto que los medios indirectos que actúan sobre la emotividad humana llegaran a modificar en lo más profundo la fuerza fundamental del ser humano.

Al dirigirse a un mayor número de personas, el catolicismo ha atenuado en cierta medida la crudeza extremista de sus ideas originarias, preocupándose de suministrar apoyo a los hombres en favor de la personalidad humana -cuyo destino sobrenatural reconoce- y de ejercitar una acción sutil sobre su ser más profundo, mediante el rito y el Sacramento.

En este contexto pueden indicarse algunos aspectos pragmáticos del catolicismo. Ciertos principios de la moral católico-cristiana -los de humildad, caridad y renuncia al propio deseo- entendidos en forma y lugar justos, podrían haber sido formulados como un correctivo a la autoafirmación individualista muy acusada en el hombre occidental. La misma limitación sobre el plano intelectual y la correspondiente humanización de toda perspectiva, pudo haber aconsejado presentar tal doctrina bajo la forma de dogma, sometida a una autoridad situada más allá del intelecto común, pero que a un nivel más alto, pudo suponer en cambio, conocimiento, evidencia directa, gnosis. Es posible que por razones similares se haya considerado oportuno hablar de "revelación" y de "gracia", a fin de subrayar el carácter trascendente de lo verdaderamente sobrenatural respecto a la posibilidad de un tipo humano caduco, que debía manifestarse cada vez más inclinado a todo tipo de prevaricaciones racionalistas y humanistas. Finalmente, ya hemos mencionado que, en un marco teísta, las relaciones de la "fe" con la distancia que deja subsistir, aunque verdaderamente limitan (en tradiciones más estrictas tales relaciones han sido consideradas solamente para los estratos inferiores de una civilización) pueden garantizar la integridad de la persona, que, en comparación con místicas panteístas y con excesos sin límites en lo suprasensible, pueden no encontrar un terreno firme.

Las limitaciones de la doctrina católica con sus posibles valores positivos, son adecuados para la gran masa de la humanidad y para las condiciones negativas de la última época, la "edad oscura". Manteniéndonos en este nivel, las ideas de católicos como H. Massis y A. Cuttat, podrían ser también justas: el catolicismo es una defensa del hombre occidental, mientras que cualquier forma que no sea dualista y teísta de espiritualidad (frecuentemente se alude muchas veces a Oriente) puede representar para él un peligro. Pero, al margen de ese nivel, las cosas cambian mucho. Si se atiende en el cristianismo a aperturas positivas hacia lo sobrenatural y se contempla lo que podríamos llamar suprapersonalidad -o sea la personalidad integrada por encima de las limitaciones humanas- lo que aparece no es más que una limitación y un factor de petrificación que se justifica por sí mismo. Sus reacciones de intolerancia y sedición pueden alejar a quien observa la realización de si mismo a partir de tradiciones o doctrinas ni occidentales ni cristianas, en las que es más notorio un contenido metafísico o iniciático, en lugar del reduccionismo religioso, dogmático o ritualista del catolicismo con una rígida mitología teísta.

Hoy, la potencialidad del cristianismo de los orígenes como "doctrina trágica de salvación", solo puede ser ritualizada, en casos excepcionales y próximos a crisis existenciales muy peligrosas. Para quien fuera capaz de hacerlo, el problema se plantea para personas que han conocido las vanas construcciones de la filosofía y de la cultura profana popular-universitaria de hoy o las contaminaciones de los variados individualismos, esteticismos o romanticismos contemporáneos, se "convirtieran" al catolicismo y solo estuvieran en condiciones de vivir, por lo menos, la fe, con una entrega total y posiblemente como un "sacrificio"; para ellos, la fe no significaría una abdicación, sino, a pesar de todo, un progreso.

Sin embargo, debemos centrarnos en la problemática ya indicada para un tipo humano diverso y con una vocación diferente. Entonces podríamos preguntar: *¿Es posible concebir y* *admitir un catolicismo que no obligue a buscar un camino en otra parte?*

Existen ambientes espiritualistas que han considerado esta posibilidad dentro del campo que se ha llamado el esoterismo cristiano y el "tradicionalismo integral". Veamos cómo se presentan las cosas a este respecto.

Primeramente, es positivo distinguir el concepto de esoterismo cristiano del de una iniciación cristiana; el primero tiene un carácter doctrinal, mientras el segundo es operativo y experimental. La existencia o no de una iniciación cristiana es motivo de controversias que, incluso referidas a un tiempo antiguo, en nuestra opinión, admite una respuesta esencialmente negativa. Si se tiene claro el concepto de iniciación en el sentido integral y auténtico del término, hay que advertir una oposición entre el cristianismo, como doctrina centrada en la fe, y la vía iniciática. En los orígenes pudieron haber existido mezclas e interferencias con las antiguas tradiciones mistéricas por su proximidad con ellas; de ahí que se encuentren huellas, de estas últimas, en la patrística griega. En el capítulo sobre el Teosofismo señalamos, por ejemplo, la distinción hecha por Clemente de Alejandría entre los *gnostikos* (que aspiran al conocimiento natural) con algunos rasgos propios del iniciado, y el *pistikos*, que simplemente cree. La existencia de elementos que apoyen la existencia de una hipotética iniciación cristiana, se refiriere a la Iglesia de Oriente, no al catolicismo romano que evidencia un carácter menos iniciático. Los que no piensan así, sostienen que los ritos cristianos, originalmente dotados de un carácter iniciático, no han logrado sobrevivir y se han transmitido solo en parte o con transcripciones meramente religiosas y simbólicas, incluso a partir del Concilio de Nicea. Desde entonces solo queda más que el mundo de la mística. Dentro de la Iglesia no hay vestigios de ningún tipo de transmisión iniciática, que por su misma naturaleza debería estar rigurosamente subordinada a la de las jerarquías apostólicas existentes.

Por lo que respecta a las pretensiones de iniciaciones del cristianismo en ambientes exteriores a la Iglesia y en nuestros días, cuando no se trata de mistificaciones, apenas tiene como base combinaciones espurias en las cuales el cristianismo no es más que uno de los ingredientes sin ninguna raíz verdadera en transmisiones tradicionales. Otro tanto puede decirse para aquellos que se han autocalificado, todavía en nuestros días, como "rosacruces".

El problema sigue todavía en pie, no solo en lo que respecta a una iniciación cristiana comprobable, sino a un "esoterismo cristiano", o sea a la posibilidad de integrar lo que está presente en el catolicismo (y no en un vago cristianismo) dentro de un sistema más amplio en el cual pueden indicarse la dimensión y el significado más profundo de estructuras, símbolos y ritos. La integración, como se ha dicho, tiene un carácter sobre todo doctrinal. No es necesario decir que el plano al que se debe hacer referencia no es el "cristianismo esotérico" de Besant y Leadbeater, omitiendo la exégesis de los evangelios hecha por Steiner que contiene un cúmulo de errores. En cambio, puede cuestionarse aquí el "tradicionalismo integral", surgido esencialmente de la escuela de René Guénon. La idea de base es la noción de una tradición primordial, metafísica y unitaria, más allá de toda tradición o religión particular. El término "metafísico" debe entenderse, no en el sentido abstracto, propio de la filosofía, sino como conocimiento en torno a lo que no es "físico" en una acepción que trasciende el mundo humano con todas sus construcciones. En las diversas tradiciones históricas particulares, esta Tradición Primordial habría tenido manifestaciones más o menos completas, con adaptaciones a las diferentes condiciones ambientales, históricas y raciales, efectuadas por medios que escapan a la investigación profana. Así se tendría la posibilidad de volver a encontrar elementos constantes u homólogos en las enseñanzas, símbolos y dogmas de dichas tradiciones históricas particulares y empezar de nuevo en un plano superior de objetividad y universalidad. Ideas semejantes se habían manifestado en forma inadecuada en el teosofismo y en algunos ambientes de la masonería; es precisamente la escuela guenoniana la que ha sabido presentar y desarrollar estas ideas seria y rigurosamente, con la correspondiente tesis de la "unidad trascendente de las religiones" (la expresión pertenece a F. J. Schuon y es el título a un interesante libro suyo). Se debe subrayar que no se trata aquí de un "sincretismo" ni de nada parecido. Al igual que de la definición del triángulo, se pueden deducir teoremas valederos para cada caso particular, así también, el estudio de la Tradición Primordial se basa en un método deductivo y en conocimientos fundamentales. Estos principios permiten comprender cómo, bajo ciertas condiciones y en relación a una variedad de posibles formas expresivas, se manifiesta la adhesión al corpus de enseñanzas, creencias, dogmas, mitos y hasta de supersticiones, que tienen un carácter "invariable" al margen de cualquier conflicto y contraste aparente.

Pues bien, la primera integración "esotérica" del catolicismo consistiría precisamente en esto: partiendo de las doctrinas y de los símbolos de la Iglesia, habría que saber percibir lo que en ellas va más allá del catolicismo, para adquirir un rango verdaderamente "católico", es decir, universal (*catholikos* en griego quiere decir universal), recurriendo a relaciones esclarecedoras de carácter, que podríamos llamar, "inter-tradicional". Esto permitiría, no una alteración de las doctrinas católicas, sino la valorización de sus contenidos esenciales sobre un plano superior al de la simple religión, sobre un plano metafísico y con perspectivas realizables que puedan ayudar a quien aspire a lo trascendente[73]. Para ello se requiere no invertir

---

[73] V. GIOBERTI en su obra Della Riforma Cattolica, 1856, pp. 317 y 318, ya habla hablado sobre un "catolicismo trascendente" en estos términos: "La verdadera universalidad no se encuentra más que en el catolicismo trascendente. El catolicismo vulgar, práctico, restringido a un lugar, tiempo y a un número determinado de hombres, tiene siempre más o menos el semblante y las características de una secta. El catolicismo, por lo tanto, no es verdaderamente

el procedimiento, como desgraciadamente sucede cuando se asume como elemento primario las doctrinas católicas en sus limitaciones específicas y se yuxtapone a alguna relación "tradicional". Son, en cambio, estas relaciones las que deberán constituir el elemento primario y el punto de partida.

No es necesario decir que únicamente en esta perspectiva "tradicional" (o supratradicional) podría ser válido el axioma de la Iglesia: *"Quod ubique, quod ab omnibus et quod semper"* y no en el nivel de cierta apologético católica que se podría muy bien llamar "modernista". Esta, desde sus principios ha insistido fanáticamente en el carácter de novedad y en la imposibilidad de repetición del cristianismo, aparte de las anticipaciones que se refieren al pueblo hebreo como "elegido por Dios". La novedad puede ser concebible solamente en lo que se refiere a la adaptación de una doctrina que es nueva solo en tanto que se adapta a las nuevas condiciones existenciales e históricas. Para poder afirmar con sensatez el axioma católico antes indicado, la actitud debería ser la opuesta: en lugar de insistir sobre la "novedad" de las doctrinas, como si se tratase de un honor, debería destacarse su antigüedad y perennidad; sería necesario mostrar precisamente la medida en que pueden obtenerse, en su esencia, un conjunto ordenado de enseñanzas y de símbolos verdaderamente "católicos" (= universales) para no limitarse a ningún tiempo o fórmula particular, midiéndose con cada una de ellas, tanto en el mundo precristiano como en el no cristiano, occidental u oriental, ya sea en tradiciones extinguidas o pasadas bajo formas complicadas y oscuras, como es el caso para creencias frecuentemente conservadas entre los mismos pueblos salvajes. El catolicismo admite la idea de una "revelación

---

católico, sino en la medida en que sea trascendente. Y el catolicismo vulgar no puede llamarse católico sino en cuanto se adhiere a lo trascendente." Con excepción de Gioberti, situado en una ideología del tipo hegeliano, saturado de política, era seguramente el último que podía tener una idea adecuada acerca de la esencia del "catolicismo trascendente".

primitiva" o "patriarcal" hecha al género humano antes de que sobreviniera el diluvio y la dispersión de los pueblos[74]. Pero el catolicismo no ha hecho uso de ninguna de estas ideas que lo llevarían más allá de las limitaciones ya conocidas. La única excepción es quizá la del etnólogo católico, el padre W. Schmidt, quien en su valiosa obra titulada "La idea de Dios" aprovechó, precisamente, la etnología. El catolicismo corriente sigue teniendo, por lo tanto, los rasgos de un círculo cerrado unido a un exclusivismo sectario.

En cuanto al origen de los contenidos que en el catolicismo se muestran susceptibles de una interpretación "tradicional" y a la singularidad de tantas equivalencias en mitos, nombres, símbolos, ritos, fiestas y así sucesivamente, con muchas otras tradiciones, hacen pensar en algo más de una simple casualidad. Pero, aquello a lo que pueden conducir las investigaciones empíricas e históricas o el concepto de los teosofistas, que suelen ver en todas partes la acción personal de "maestros" y de "grandes iniciados", es muy simplista. En cambio es útil tener en cuenta una acción no perceptible y no ligada necesariamente a personas, una influencia "subliminal" que pudo hacer actuado sobre los constructores de la tradición católica sin que estos lo sospecharan; éstos, inclinados muchas veces, a hacer todo lo contrario o dejarse impulsar por circunstancias exteriores, inconscientemente se transformaran en instrumentos de la conservación de la tradición, de la transmisión de algunos

---

[74] Estos acontecimientos no son "místicos" a no ser en la forma en la que han sido presentados en el Antiguo Testamento y se refieren solamente a un determinado ciclo histórico. La narración del "diluvio" viene considerada como el eco del recuerdo de las catástrofes, que destruyeron las residencias originarias, árticas y atlánticas septentrionales, de la raza prehistórica, que tuvo como herencia la tradición primordial única, ocasionando una escisión y una dispersión. Sobre esto cfr. EVOLA, "*Rivolta contra il mondo moderno*" (cit.) y también *Sintesi di Dottrina della Razza*, Milán 1941; *Revuelta contra el Mundo Moderno*, Omnia Veritas, *Síntesis de la Doctrina de la Raza y Orientaciones para una educación racial*, Omnia Veritas.

elementos de una sabiduría primordial y universal que, tal como dice Guénon, permanecen en "estado latente" dentro del catolicismo, ocultos bajo una forma religiosa, mística y teológicamente dogmática. Por lo demás, una idea semejante podría ser aceptada en parte por la ortodoxia católica, a condición de que comprendiera en término más concretos la acción del Espíritu Santo que, a lo largo de la historia de la Iglesia, habría desarrollado la "revelación" primitiva estando presente sin ser vista como inspiración en todos los concilios. En la formación de cada gran corriente de ideas se debe tener en cuenta lo que pueda ser atribuido a influencias del género mucho más de cuanto el hombre común puede imaginar.

Desde el punto de vista del catolicismo actual, aparece una seria dificultad para la integración tradicional de la que hemos hablado. Nos referimos a la personalidad del fundador de esta misma religión, Jesucristo y a la idea, ya mencionada, de que su persona, su misión y su mensaje de "salvación" presentan un carácter único y decisivo en la historia universal (aquí está, precisamente, la pretensión de exclusividad católica), idea que resulta inaceptable y que, mientras constituye el primer artículo de fe para el cristianismo en general.

La misma concepción de la función salvadora o redentora del Jesucristo histórico, en la medida en que es presentada en los términos de una "expiación vicaria", es decir, de expiación por parte de un inocente, de culpas cometidas por otros (en este caso del "pecado original" que recae sobre la raza de Adán), presenta un absurdo intrínseco. Lo supuesto aquí constituye, en el fondo, una concepción materialista y determinista de lo suprasensible. En efecto, la teoría de que una culpa no puede ser cancelada si alguno no la expía, implica por lo tanto el reconocimiento de una clase de determinismo o fatalismo, de una especie de karma: como si la culpa hubiera creado un género de carga de la que en cualquier caso hay que liberarse, si no sobre uno, al menos sobre otro, valiendo el sacrificio de un inocente o de un extraño que, objetivamente, expía la culpa del reo. Todo esto entra en un orden de ideas muy distante de aquella religión de la gracia y de la libertad sobrenatural que desearía ser el cristianismo en oposición a la antigua religión hebraica-farisea de la ley. Ya en los primeros siglos, los enemigos del cristianismo destacaron justamente que si Dios quería rescatar a los hombres habría podido hacerlo con un simple acto de gracia y de poder, sin verse obligado a sacrificar, por la vía de la expiación vicaria, a su hijo proporcionando de esa forma, con ello, a los hombres la ocasión de volver a cometer un nuevo horrendo delito y como si el perdón fuera una ley férrea, casi física, en contra de la cual el Dios no podía hacer nada[75]. Esto dice mucho sobre las dificultades que surgen para quien se mantiene en la línea exotérica-religiosa y no sabe separar el lado interior y esencial de la doctrina de los motivos que proceden de concepciones inferiores y que sólo sobre la base de exigencias sentimentales (sacrificio divino por la humanidad, amor, etcétera) han podido pasar a primer plano y constituirse en "artículos de fe" dentro del catolicismo.

Con relación a las narraciones de los Evangelios, el problema de la realidad histórica es, en el fondo, poco relevante. Desde el punto de vista considerado aquí, sería también importante establecer la medida en que la vida de Jesús, de la misma manera que en los mitos relativos a semidioses o "héroes" del mundo pagano, puede ser interpretada también como una serie de símbolos que se refieren a fases, estados y actos del desarrollo del ser conforme a un camino previamente determinado. Hemos dicho "también" por qué determinados acontecimientos o figuras de la historia y ciertas convergencias ocultas pueden hacer que la realidad sea símbolo y que el símbolo realidad. De esta manera la vida de un ser real puede tener simultáneamente

---

[75] La ley de las expiaciones, que es un caso particular de la de causalidad, es válida solamente sobre un cierto plano de la realidad, en el que justifica varios ritos de pueblos antiguos, que no eran supersticiosos; pero no puede valer tal ley con carácter de invencible para el orden divino, si en él se entiende lo que se verdaderamente sobrenatural.

el valor de una dramatización o sensibilización de enseñanzas metafísicas, casi como en las representaciones dramáticas de los misterios clásicos, destinadas a despertar en los iniciados emociones profundas, aptas para encaminarlos a realizar ellos mismos determinadas transformaciones de su ser.

Solamente que desde el punto de vista esotérico lo que tiene más valor en las interferencias casuales entre símbolo y realidad, no es el aspecto realidad, el cual, en esta perspectiva, tiene un carácter instrumental y contingente, sino su aspecto simbólico, mediante el cual es posible alcanzar algo universal, suprahistórico e iluminador.

Ya desde los tiempos de los Padres de la Iglesia se había concebido una interpretación simbólica de los Evangelios y, en parte también, del Antiguo Testamento; pero la interpretación siempre se detuvo en un plano moral y como máximo místico-devocional, del que ha derivado la llamada "imitación de Jesús", en la que, junto a los hechos históricos, Jesús es representado exactamente como un modelo a reproducir y guía de un camino. Sin embargo, debe hacerse notar que atribuir a Jesús este significado, descuidando su realidad histórica y humana y la creencia en su acción mágica de redención de la humanidad, ha sido declarada una herejía. Por otra parte, también en los relatos de la "imitación de Cristo" y en el uso de esta figura *sub specie interioritatis* [bajo forma de interioridad] es necesario tener siempre presente la distinción entre el plano místico-devocional y el de una realización metafísica, al que se puede también ensalzar, según las perspectivas del "tradicionalismo integral". El hecho es que, en general, en el cristianismo el más alto ideal es siempre moral y no ontológico, correspondiente al santo y a la *sanctificatio*, y no en el de la *divinificatio* (divinización), a la cual alude la patrística griega: es el ideal de la "salvación" y no de la "gran liberación".

En cuanto a la interpretación esotérica, en términos de "ciencia espiritual", se puede decir que es inexistente en la ortodoxia, incluso desde los primeros tiempos; casi exclusivamente los significados morales y alegóricos han sido los únicos tomados en consideración. El sentido de la "Virgen", la llamada "inmaculada concepción"[76] y el nacimiento del niño divino[77], la espera de la venida del "Mesías", la curiosa relación por la que Belén, lugar del nacimiento de Cristo, se atribuye a Bethel, nombre dado por Jacob al lugar donde, durmiendo sobre una piedra, tuvo la visión y el conocimiento del "umbral de los cielos", "caminar sobre las aguas" (no exento de relación con San Cristóbal quien pasa por el "río" al Niño Jesús); la transformación del agua en vino; caminar por el "desierto"; subir al "monte" y hablar desde el "monte"; ser revestido con un manto regio y después desnudado; crucificado en medio de dos cruces; la lanzada en el corazón, el salir agua y sangre roja, el oscurecimiento del "cielo" y el abrirse la "tierra"; el "infierno" al que descendió Jesús para visitar, como Eneas, a los "muertos"; el hecho de que ningún cadáver fuera encontrado en el sepulcro y la resurrección y ascensión a los "cielos", a la que siguió la venida

---

[76] También la fecha del Nacimiento puede ser integrada en un conjunto más vasto con una perspectiva cósmica, ya que ella corresponde aproximadamente a la del solsticio del invierno, punto de la subida de la luz otra vez en el orden del año, el cual sirvió también de base para un simbolismo primordial sacro ya en la prehistoria atlántica septentrional. Con excepción del cristianismo se sabe que la romanidad "pagana", en una cierta relación con el mitracismo, conoció igualmente aquella fecha como la del Natalis Domini = Natalis Solis Invicti. (Nacimiento del Señor Nacimiento del Sol invicto).

[77] Su interpretación literal, que es artículo de fe en el cristianismo común y que constituye la base de la mariolatría o "culto mariano" tolera lo absurdo del esoterismo más oscuro. Aparte de señalar el tema sexual en relación con la exaltación de la virginidad física, no se ve por qué se debiera recurrir a una familia anormal en la que una mujer casada permanece virgen, ni está indicado en los Evangelios algún título excepcional de mérito o de excelencia por el que esta "Virgen", María, debiera ser precogida y después servir como instrumento para la encarnación, fue exaltada como imagen divina y "Reina de los Cielos", con todos los atributos que se hallan en la liturgia católica. El hecho es que en Malía ha resurgido un mito ya existente en la prehistoria mediterránea (correspondencias de la Madre con el Divino Niño existen también en la antigua iconografía egipcia) en un cuadro de "ginecocracia" preponderante.

del Espíritu Santificador (Pentecostés) y el don de las lenguas; la alusión al cuerpo espiritual y a la "resurrección de la carne", el agua que quita para siempre la "sed", el bautismo, no según el agua sino el "fuego" y el "espíritu" y, en fin, el "no haberle roto los huesos" y el "juzgar a los vivos y a los muertos"; el por qué fueron doce los discípulos de Jesús y tres los Reyes Magos (y su verdadero significado); el hecho de que fueran cuarenta días con sus respectivas noches las que Jesús pasó retirado en el "desierto" y cuarenta, una vez más, las horas de permanencia en el sepulcro, y así sucesivamente: dar una explicación a todo ello *sub specie interioritatis*, uniéndolo sistemáticamente en un doctrina esotérica global, es una tarea que no puede resolverse mientras se ciña uno a las limitaciones de la fe, la devoción y cuanto es propio de la simple conciencia religiosa.

Tal vez sea oportuno aludir brevemente a los "milagros" en tanto que, como ya se ha dicho, lo "milagroso" es para el espiritualismo moderno, sobre todo, lo que sorprende a los hombres. Admitir la realidad de los milagros, a partir de los realizados por Jesús, no significa ir muy lejos. Es conocido que los representantes de la antigua tradición romana no se escandalizaban ni se admiraban por los milagros atribuidos a Cristo, ya que en las antiguas civilizaciones han sido admitidas siempre algunas posibilidades extranormales, susceptibles también de una ciencia *sui géneris* (magia en sentido estricto), para producir ciertos "fenómenos"; solamente los "librepensadores" de ayer han cuestionado cosas de este tipo. Las plebes de todos los tiempos, encuentran en el milagro un motivo para su fe. Pero el catolicismo, justamente, no se satisface con eso y distingue entre milagros y milagros; no tiene como criterio el "fenómeno", sino la causa que lo provoca; y ésta, aun tratándose de un mismo fenómeno, puede ser muy diversa. El criterio católico para la distinción es bastante endeble. Decir que los fenómenos "ocultos" se deben a fuerzas diabólicas o a fuerzas latentes, pero siempre "naturales", del hombre y de las cosas, mientras el verdadero milagro es debido a "Dios", no es algo que, en la práctica, nos pueda suministrar prácticamente un criterio seguro; por otra parte, se necesitaría precisar objetivamente, los límites de la "naturaleza" y olvidar lo que escrito en los Evangelios, a propósito la capacidad del Anticristo para producir "señales" de igual poder de aquellos que realizó el "Hijo del Hombre". Condicionar el fenómeno a fines éticos o de conversión significa situarse en un nivel bastante bajo. El único elemento de cierta consistencia es que se requiera un significado, una fuerza iluminadora, que actúa en el fenómeno de manera esencial y, además, la presencia de una personalidad verdaderamente superior.[78]

Esto nos encamina al punto de vista metafísico, según el cual, *un fenómeno es verdaderamente "sobrenatural" cuando presenta simultáneamente, como partes inseparables de un todo, tres aspectos: mágico, simbólico y de transfiguración interna*. "Caminar sobre las aguas", por ejemplo, es un símbolo esotérico que no es exclusivo del cristianismo, y relaciona un significado determinado con una condición de existencia concreta. Sobre las "aguas" equivale a decir sobre "el desbordamiento de las formas", sobre el modo de ser de las naturalezas sujetas a transformación compuestas por un deseo que altera continuamente la vida y priva de cualquier estabilidad. Es posible pensar que, en determinadas circunstancias, la realización integral del significado de aquel símbolo en una personalidad concreta se acompañe de la realización de un poder mágico que confiera la posibilidad efectiva de caminar sobre el agua sin hundirse, de manera que el símbolo se transforma en realidad, que a su vez es símbolo, y se vuelve signo y testimonio, iluminando una realidad y una ley de orden superior. Se sabe que el ejemplo escogido corresponde a uno de los prodigios de los Evangelios. Otros del mismo tipo se podrían encontrar en ellos o

---

[78] Sobre la distinción entre fenómenos síquicos y milagros desde un punto de vista católico se puede consultar el libro del jesuita G. BILCHMAIR, *Okkultismus und Seelsorge*, Innsbruck, 1926, donde se encuentran también algunas críticas atinadas sobre las variadas formas del espiritualismo moderno.

en los textos de otras tradiciones[79]. Quien quisiera descubrir el contenido metafísico latente en la "historia sagrada" enseñada por el catolicismo y alcanzar el sentido de lo que en ella es verdaderamente "sobrenatural" y no fenoménico, debería disponer de capacidad para comprender las cosas desde este punto de vista. Aprendería a leer, más allá de los Evangelios y de la Biblia, incluso en muchos dogmas y doctrinas teológicas católicas; podría comprender, como Guénon lo ha hecho notar, mucho de lo que la teología ha dicho respecto a los ángeles y, metafísicamente, sobre los estados trascendentes de la conciencia a los cuales puede conducir la exaltación mística, la renovación o el renacimiento interior; los "demonios", por el contrario, simbolizan fuerzas y estados inferiores al nivel humano.

Sería preciso contemplar todo lo que en el catolicismo está situado más allá de su parte doctrinal, si de lo que se trata es de forjarnos un juicio sobre su realidad objetiva; así comprenderíamos lo que implica su rechazo a la magia en sentido estricto. La magia se basa en la existencia de fuerzas sutiles de carácter psíquico y vital, y contempla la utilización de técnicas para operar sobre ellas con un carácter impersonal y con independencia de las dotes morales en el objeto y en el sujeto de la operación. Tales caracteres son visibles en lo que la Iglesia Ortodoxa atribuye a los ritos y a los sacramentos del catolicismo, en los que ciertamente no hay nada de "arbitrario" y "formal". Pensemos en el rito del bautismo, considerado como sacramento capaz de determinar un principio de vida sobrenatural en aquella persona que lo recibe, independientemente de cualquier intención o mérito propios; "otro ejemplo es la calidad establecida por la ordenación del sacerdote, la cual no se destruye ni cuando éste es culpable de indignidades morales; y

---

[79] Sobre esto, véase el libro de EVOLA, *La Dottrina del Risveglio*, cit., donde se mencionan otros ejemplos, con la distinción, hecha a propósito, por el budismo entre milagros "arios" y nobles santos "no arios".

también, por supuesto, en el poder de la absolución, ordinaria e *in extremis* que consiste, en el fondo, en dominar y suspender la ley denominada en la tradición hindú, del karma. Estos son solamente algunos casos en los cuales el catolicismo se sitúa en un plano de objetividad espiritual, superior al irrealismo de la exagerada sensibilidad y de la moralidad humana, colocándose precisamente en el plano de la magia. Si prescindiéramos de una relación de este género, la defensa de la doctrina católica de los sacramentos contra la mentalidad profana y racionalista de los modernistas, que consideran todo esto como "supersticioso" e incluso "inmoral" sería extremadamente débil.

Pero, a decir verdad, es difícil que un católico pueda asumir un punto de vista semejante. Más bien tienden a pensar que se trata solo de ritos y sacramentos. Por nuestra parte pensamos que la doctrina católica de los sacramentos, aun cuando haya tenido una verdadera potencialidad "mágica", terminó perdiéndola y quedó reducida al nivel de facsímil religioso que tan sólo repite formalmente la estructura de los ritos mágicos o iniciáticos.

Precisamente en este contexto es examinada la doctrina católica de los llamados efectos *ex opere operato* [independientemente de la disposición del ministro]. En rigor, esta doctrina, si se entiende correctamente, establece el aludido carácter objetivo de las fuerzas que operan en el rito, las cuales, una vez determinadas las condiciones requeridas, actúan por sí mismas, creando un efecto necesario, independiente del sujeto y no *ex opere operantis* [teniendo en cuenta la disposición del ministro] casi como si se tratara de un fenómeno natural. Sin embargo, de la misma forma que se necesita que concurran ciertas condiciones en la realización de los fenómenos naturales, ocurre otro tanto con los efectos *ex opere operato*. Las estructuras del rito, en sí mismas, son tan ineficaces como las articulaciones y los mecanismos de una dínamo, a los que no llegue la energía eléctrica. Para operar, es decir, para crear ciertos efectos síquicos conscientes o infraconscientes, el rito necesita ser vitalizado, o sea, precisa que exista una relación con el plano suprasensible, el cual suministra simultáneamente el conocimiento de los símbolos primordiales e inhumanos y la fuerza mágica que proporciona la eficacia a las operaciones rituales; a este aspecto, precisamente, se refiere la noción de "Espíritu Santo", especialmente en los orígenes, cuando no había sido todavía objeto de la teología y podía tratarse de algo más. Sin esto, el *corpus* ritual y sacramental es una simple superestructura que coloca en primer plano todo aquello que es simple religión, "fe" y moralidad, tal como ha hecho coherentemente el protestantismo, desechando lo demás como algo superfluo.

Puede establecerse una relación, irregular y esporádica, con el plano metafísico mediante estados de exaltación y "entusiasmo sagrado" del alma, siempre que se sostenga una orientación adecuada capaz de preservarla de las evocaciones de fuerzas invisibles de carácter inferior. Cuando se trata de una tradición, se necesita alguien que haga de puente sólido y consciente entre lo visible y lo invisible, entre lo natural y lo sobrenatural, entre el hombre y Dios. Según la etimología de la misma palabra, ese puente era el *pontifex* (literalmente, "hacedor de puentes"). El *pontifex* constituía precisamente el punto de contacto que hacía posible la manifestación en el mundo de los hombres de influencias eficaces y reales procedentes de lo alto. La cadena de pontífices -que en las formas superiores y más primarias de la civilización tradicional formaba una unidad con la cadena de los representantes de la "realeza divina"- garantizaba la continuidad y la perennidad de este contacto, constituía el eje de la tradición en sentido literal, es decir, de la transmisión de una "presencia" y de una fuerza sagrada vivificante e iluminadora[80], de la cual, por participación, podía beneficiarse un

---

[80] Lo que se entiende en el cristianismo por "Espíritu Santo" que habita en la Iglesia, es la shekinah de la kábbala (kábbala, entre otras cosas, literalmente quiere decir "transmisión"), el prana o brahmán traído de la casta brahmánica, la

oficiante sagrado debidamente ordenado, fuerza sin la que, como ya se ha dicho, todo rito es inoperante y se convierte en mera ceremonia o símbolo.

Nominalmente, el pontificado ya existía como institución en la romanidad antigua, luego formó parte del catolicismo, situándose en el centro de la Iglesia y en el vértice de sus jerarquías. Pero es interesante preguntarse qué subsiste hoy de todo esto en su función primigenia y en su tradición. La esperanza profética de un Joaquín de Fiore reflejada en la venida del "papa angélico" con actitudes muy semejantes a las de un iniciado fundador de un nuevo "reino" -el del Espíritu Santo, viviente, operante y vivificante- quedó desgraciadamente en una utopía. Y si nos volvemos hacia las contingencias de tiempos más recientes, sobre todo a las figuras de los dos últimos pontífices, Juan XXIII y Paulo VI, en medio de un clima de renovación y modernización, con la creciente aversión hacia el "integrismo" católico y a los llamados "residuos medievales", parece inclinar la balanza hacia un caos desastroso.

En estas condiciones, dar una respuesta positiva a la cuestión que hemos formulado al principio, sobre las posibilidades de que el catolicismo pudiera proporcionar lo que muchos han buscado en otros lugares y que, a menudo, los ha empujado a confusiones y errores del neoespiritualismo, es prácticamente imposible, por lo menos si se considera el problema desde un punto de vista más amplio. Después de todo lo que hemos dicho, resulta problemático considerar a la Iglesia,

---

"gloria", hvareno, revestida como un "fuego celeste" de "victoria", de los reyes del Irán, y así sucesivamente. Dada la naturaleza de la presente obra se debe pasar por alto la consideración de las relaciones de la espiritualidad y tradición real con la espiritualidad y tradición sacerdotal. Sobre esto consúltese a EVOLA, *Rivolta contro il mondo moderno*, cit. *Revuelta contra el mundo moderno*, Omnia Veritas. Tales consideraciones no pueden menos que traer a la luz la función también negativa que el cristianismo y catolicismo tuvieron en el mundo occidental, como fuerzas históricas.

"Cuerpo Místico de Cristo", como portadora y administradora de una fuerza verdaderamente sobrenatural, representante objetiva de ritos y sacramentos, capaces de beneficiar a quienes aspiren a experiencias que superen los límites de cuanto es religión confesional y vean en la llamada "santidad" el fin supremo.

Sin embargo, reconocemos que el catolicismo contiene, a pesar de todo, vestigios de una sabiduría que puede servir de base para una exaltación "esotérica" de varios contenidos; reconocemos también la validez del criterio difundido por un exponente del "tradicionalismo integral": "El hecho de que los representantes de la Iglesia católica entiendan tan poco de sus mismas doctrinas (se refiere aquí a su dimensión interna) no debe ser causa de que nosotros mostremos la misma incomprensión." De otra manera se presentan todos los obstáculos y todas las limitaciones difícilmente removibles, considerados con anterioridad. Prescindiendo del catolicismo secular, podríamos aludir a la ascética católica y, sobre todo, a las antiguas tradiciones monásticas, que, aun cuando no se trata de una iniciación, sí por lo menos supone una disciplina interior que encamina a la trascendencia y a un acercamiento hacia lo sobrenatural. Pero, incluso aquí, se impondría una labor fatigosa de purificación y "esencialización" dada la presencia de elementos devocionales y complejos específicamente cristianos, para la que tal vez sea difícil reunir instrumentos válidos para la acción interior sin el conocimiento, también, de lo que ofrecen otras tradiciones.

Un catolicismo que se eleve al nivel de una tradición verdaderamente universal, unánime y perenne, en la que pueda integrarse en una realización metafísica en la vía del despertar, el símbolo, el rito y el sacramento en acción de poder, el dogma en expresión de un conocimiento absoluto e infalible, que no sea una expresión humana y como tal viviente en seres desligados del vínculo terrestre mediante una exaltación mística, donde el pontificado revista su función mediadora originaria, un catolicismo de tal índole podría suplantar a cualquier "espiritualismo" presente o futuro.

Pero observando la realidad ¿no es quizá un sueño?

VIII

El primitivismo, los obsesos del superhombre

El argumento de este capítulo parecerá no tener una relación directa con el "espiritualismo". Como punto de partida consideraremos, en efecto, una actitud que en apariencia constituye el lado opuesto de él, es decir, la revolución naturalista de una gran parte de la humanidad occidental, para luego tendremos que discutir algunas ideas que parecen pertenecer más bien al campo filosófico. Sin embargo, aquí se trata de experiencias cuyas consecuencias extremas, tal como se vera, nos llevan a un ámbito en el que se presentan peligros análogos a los que aludíamos en relación a las evocaciones espiritistas. Además algunas de las consideraciones que desarrollaremos aquí esclarecerán posteriormente diversos puntos ya aludidos, al mismo tiempo que constituirán un paso natural al tema que trataremos en el próximo capítulo.

Ante todo se debe destacar la singular facilidad con la cual el hombre occidental se ha acostumbrado a tener un concepto inferior de sí mismo. En primer lugar, ha aceptado de buen grado la idea de ser una simple "criatura" y como tal separada por una distancia insuperable de su creador y del principio de toda realidad. En segundo lugar, con el Renacimiento y el Humanismo se acostumbró cada vez más a la idea de pertenecer únicamente a esta tierra, a pesar de estar constituido por una conciencia superior y por una especie de facultad creativa en el campo del pensamiento y de las artes. En fin, han bastado pocos decenios de ciencia, darwinismo y evolucionismo para que el hombre occidental, en su gran mayoría, haya creído seriamente no ser más que un ejemplar de una cierta especie biológica, si se quiere, colocado a la cabeza de la selección natural, pero sin una diferencia sustancial respecto al resto de especies de animales.

Este sometimiento no es, sin embargo, algo que pudiera seguir adelante por sí mismo, ni suceder sin producir crisis y desconciertos internos más o menos graves. En varios casos ha sido claro que se había caminado por una vía cerrada y que tal obstrucción era más bien de aquellas que producen los cortocircuitos.

Tal es la premisa general. Ahora, como primer fenómeno, consideraremos el retorno a la naturaleza. Esta, tal y como se ha verificado en los tiempos más recientes, representa en su esencia una forma de evasión y rechaza, asimismo, sugestiones establecidas e influencias sombrías. El fenómeno se inició en la vigilia de la Revolución Francesa con el iluminismo y el enciclopedismo, cuando se difundió el mito de una naturaleza concebida como el orden normal, sano y prudente, que es propio del hombre de hecho y de derecho; orden frente al cual la civilización con todas sus leyes y formas positivas de organización política representaría algo superficial y destructor. Precisamente aquí es donde ha venido a colación por primera vez el concepto del "buen salvaje", con la relativa exaltación de los pueblos que aún viven en contacto directo con la "naturaleza".

Como todos los mitos del iluminismo, también éste se debió a una sugestión difundida para alcanzar metas prácticas y precisas. Esta teoría "naturalista", fue la continuación de la teoría del llamado "derecho natural" y, en realidad, se desenmascaró casi inmediatamente revelándose como un instrumento de la subversión, destinado a minar y socavar todas aquellas formas residuales de autoridad y organización tradicional, que todavía sostenían al hombre occidental en su personalidad. Se trata, por lo tanto, de una influencia disgregadora, solidaria con otras de las que ya tuvimos ocasión de hablar. La cosa puede esclarecerse mediante una breve indicación sobre el derecho natural, que forma, más o menos, el fundamento de la célebre proclama jacobina de los "derechos del hombre y del ciudadano". La continuación y afirmación de tal derecho constituye un fenómeno de regresión y primitivismo. La fórmula clásica atribuida al derecho natural por Ulpiano y el mismo uso que algunas veces ha hecho de ella la Iglesia católica no impiden de ninguna manera, que el ojo experto reconozca su origen espurio. Corresponde a J.J. Bachofen, genial estudioso del mundo de los orígenes, el mérito de haber puesto de relieve que la concepción de la igualdad naturalista de todos los seres humanos, con sus respectivos, corolarios jurídicos y sociológicos, en realidad sólo tiene que ver con la "verdad" propia a las civilizaciones matriarcales, que desconocían la idea de lo verdaderamente sobrenatural y, además constituyeron una especie de sustrato, al que se opusieron otras razas que generaron civilizaciones de tipo uránico y viril. Estas civilizaciones conocieron y afirmaron unas ideas muy diversas del derecho, anunciando al mismo tiempo el verdadero ideal, heroico y antinaturalista de la personalidad[81]. En todo esto puede entreverse a lo que conduce la continuación ocultamente sugerida del "derecho natural", supuesto como universal y originario, propio a "todo ser que tenga semblante humano", mientras parece evidente solo en el interior de una cierta humanidad inferior.

Esto alude a un aspecto de la revolución naturalista. Por otro lado, además, se debe destacar que las cosas están exactamente al contrario de como las quiere ver esta mitología iluminista; en otras palabras, la "naturaleza", que fue exaltada y a la cual se quiso que el hombre volviera para convertirse en sano y normal, es algo artificial y abstracto. En efecto, no se alude ni a la

---

[81] Cfr. J. J. BACHOFEN, *Das Mutterecht*, Basel, 1870, y también nuestro ensayo, *Ist das "rimische Recht" römisch?*, en *Europaische*, n. 3, 1942.

naturaleza como cosmos (mundo, universo) o como ente vivo repleto de significados y energías suprasensibles, tal y como el hombre tradicional antiguo la percibía y concebía, ni a aquella otra dimensión particular del todo, de la que ya hablamos en el primer capítulo. Se trata esencialmente de una elaboración racionalista. Para el hombre moderno normal esta naturaleza es un conjunto de formas inanimadas y fuerzas físicas, algo exterior y separado del todo, algo por lo tanto, que permite que se pueda sentirse como en casa, a condición de efectuar en uno mismo una separación análoga y una desintegración de la unidad espiritual de la personalidad y concentrándose el sentido de si mismo, precisamente sobre la parte física del propio ser.

Sucede pues, que, cuando el mito racionalista de la "naturaleza" agotó su carga subversiva originaria, las formas modernas que le siguieron en sentido atávico, de salud y hasta deportivo, acusan igualmente un proceso de regresión; tienen como supuesto fundamental la necesidad de descargarse del peso de tensiones espirituales insostenibles o, al menos, inquietantes. El retorno del hombre moderno hacia la naturaleza, conduce en ciertos casos a una especie de atracción que puede acoplarse con distensión, fortalecimiento y casi con una excitación biológica; por lo tanto, esta alteración puede aparecer como positiva y favorecer a quienes una especie de zootecnia agota la esencia del desarrollo humano. Todo esto es comprensible, pero no llega a tocar el núcleo del asunto. Pueden surgir ilusiones solamente si no se considera al hombre sobre la base de los valores de la personalidad sino del estado de sus "nervios" y de su organismo físico, ambos quebrantados por el estilo de vida de las ciudades modernas, necesitando de reintegración y compensaciones biológicas. Esto, en muchos casos es solamente el lado externo de un proceso que contiene también una parte interna, sutil, que no modifica en nada lo ya dicho. Y esto se hace muy visible cuando se considera el tipo humano que genera el estilo de vida naturalista y deportivo moderno: un tipo indiscutible primitivista y regresivo, tan viril y atlético en su cuerpo como eunuco y vacío en su espíritu[82].

Si la continuación iluminista del "derecho natural", según lo que ya se ha dicho, representa un primitivismo, el mito enciclopedista del "buen salvaje" precedió a otra especie de primitivismo en el momento en que los pueblos primitivos empezaron a ser examinados de cerca. De tales estudios nació el nuevo mito de los pueblos salvajes actuales que serían vestigios subsistentes de la humanidad tal y como era originalmente. Ellos serían antepasados nuestros que aún permanecían en un estado casi puro gracias a circunstancias especiales.

A decir verdad, muchas veces, en este terreno, ha intervenido el mito progresista: la humanidad civilizada de hoy habría "evolucionado" a partir de aquel estado primitivo. Pero no siempre se piensa así, especialmente desde que, gracias a las obras magistrales de Durkheim y de Lévi-Bruhl, se ha constatado que mentalidad "primitiva" y mentalidad moderna o "civilizada", no representan dos "grados evolutivos", sino dos mentalidades esencialmente heterogéneas, irreductibles una a la otra.

La auténtica verdad no corresponde, sin embargo, ni a uno ni a otro punto de vista y de nuevo, tras De Maistre, es Guénon quien ha contribuido a poner las cosas en su lugar. Los salvajes, ya sea como raza biológica, ya como civilización, en la mayoría de los casos son residuos crepusculares de ciclos de una humanidad tan antigua que a menudo han perdido hasta el nombre y el recuerdo. No representan el principio, sino el término de un ciclo, no la juventud, sino la extrema senectud. Son últimos linajes degenerados y el extremo opuesto de "primitivos"

---

[82] Es interesante la comparación entre el concepto moderno de deporte y lo que fue al respecto su correspondencia en la antigüedad, los "juegos" y la variedad de acción en los certámenes, en los espectáculos sagrados. Sobre esto, cfr. EVOLA, *Revuelta contra el mundo moderno*, Primera Parte, capítulo 10.

en el sentido de pueblos originarios.

En cuanto a las relaciones entre la verdadera humanidad de los orígenes y la humanidad no "evolucionada" sino normal, presentan un grado muy elevado de continuidad, más de lo que pudiera creerse. Entendemos por "humanidad normal" la que corresponde a las grandes civilizaciones tradicionales, las cuales desde los tiempos históricos, ya sea en su sensibilidad o en la concepción del mundo y de instituciones, conservaron la desaparecida herencia de los orígenes del mundo.

Así las cosas, cada uno puede ver las consecuencias que se derivan de aceptar a los presuntos primitivos como antepasados de una humanidad no digamos superior, sino simplemente normal. Dejaremos a un lado cuanto se deriva del primitivismo en el ámbito de ciertas artes modernas, la cuales, en algunos casos -como música y danza- no han dejado de tener grandes repercusiones colectivas; pasamos también por alto algunas consecuencias de orden político-social (en los Estados Unidos hay quien ha pensado seriamente que la influencia negra tiene una acción de revivificación sobre la raza y la civilización de aquel continente como para dominar por la llamada "integración", contra el "racismo" de los blancos)[83]. Centraremos nuestra atención sobre ciertas corrientes y escuelas contemporáneas, poniendo por ejemplo, de relieve, que sin estas supersticiones primitivas habría faltado el mismo fundamento para interpretaciones erróneas, como las que expuso Freud en su libro "Tótem y Tabú" o también en Psicología colectiva y análisis del

---

[83] En este caso específico se puede, no obstante, hablar de afinidades electivas. Otro de los errores de nuestros días es el de considerar a los norteamericanos como un "pueblo joven" mientras que ellos se someten a la última descendencia y casi a la abundancia de las antiguas razas europeas. De esta manera quien examine bien las cosas no ve una juventud, sino más bien un infantilismo, en el sentido de las regresiones propias de la senilidad, en muchos aspectos del alma americana. De ahí que no cause maravilla que los dos extremos de un ciclo se encuentren.

yo. Se sabe, en efecto, cuál es el sentido de tales interpretaciones: está en primer lugar la idea de Darwin que la llamada "horda primordial" representa la forma originaria de asociación humana después está la convicción de que algunas formas de la vida salvaje, ellas mismas, deformadas por una juventud, sino más bien un infantilismo, en el sentido de las regresiones propias de la senilidad, en muchos aspectos del alma americana. De ahí que no cause maravilla que por medio de la interpretación sexual psicoanalítica, representan herencia primaria que toda persona está obligada a llevar consigo y que aportaría el principio explicativo para las agrupaciones colectivas[84].

Sobre una línea análoga, si bien no tan pobre, se mueven las llamadas interpretaciones "sociológicas" y "etnológicas" de las religiones, que igualmente se resuelven en una miope reducción de lo superior a lo inferior y hacen gran uso de un material espurio y degradado. El tema se ha extendido al campo de la mitología y de lo simbólico. Causa pena ver que investigadores contemporáneos de estas especialidades, los cuales quieren alejarse de las precedentes interpretaciones triviales y naturalistas (mitos y símbolos concebidos como meras alegorías de fenómenos naturales), no saben recurrir, precisamente, más que al llamado material etnológico, compuesto en su mayor parte por residuos representados por las tradiciones de los salvajes y por el folklore, asociándose casualmente con la teoría del "inconsciente colectivo" (como sucede en la teoría que expusiera Jung), que rechaza los estratos primitivos y "vitales" del ser humano.

Un ejemplo podrá aclarar a dónde pueden conducir tales errores. En una de sus polémicas, el neopaganismo alemán acusó

---

[84] Una "obra maestra" en esta dirección es el libro de VERGIN, intitulado *Das unbewusste Europa* (Wien, 1926), donde las diferentes ideas políticas europeas vienen interpretadas como efecto de resurgimiento de los "complejos" de la sigue infantil y de la sigue de los salvajes.

a la Iglesia católica de reducirse, en su esencia, a una comunidad centrada supersticiosamente en la figura de un *medicine-man* omnipotente, lo cual equivale a decir en un brujo de los salvajes. Con todo esto se ha querido significar que la idea pontifical y la doctrina del rito en el catolicismo vienen explicadas precisamente como supervivencias o trasposiciones de supersticiones mágicas de los salvajes, cuando lo que ocurre es exactamente lo opuesto. La interpretación justa estaría, en efecto, constituida por el conjunto de significados tomados de tales ideas y conservadas en algunas tradiciones superiores, al considerar que este significado es como elemento primario; partiendo de él, por la explicación a través de ciertos procesos evolutivos se llega a las supersticiones propias del siquismo tenebroso de los salvajes y de su medicine-man.

Ya que se ha señalado al neopaganismo alemán del pasado puede servirnos para agregar un segundo caso de desviación primitivista, cuya importancia no ha quedado encerrada en el campo de la teoría. Una cierta corriente alemana ha sido inducida a considerar como tradición germana original un conjunto de ideas y un clima que, además de las añadiduras gratuitas fueron características solamente para una fase de decadencia de la tradición nórdica primordial y, respecto a ésta, tuvieron igual mente el sentido de residuos. Se trata esencialmente del pathos (enfermedad) del "crepúsculo de los dioses" y del llamado "heroísmo trágico", digno de relieve sobre todo en la época de los Nibelungos y en algunos fragmentos de los Eddas, si se les considera aisladamente. Es casi como una voluntad heroica que conoce la propia derrota, pero a pesar de todo sigue adelante, abrazándola como un destino que se debe asumir y realizar. Ahora bien, sería interesante ver a través de qué vías estas ideas carentes de luz, después de una fase de la difusión a través del wagnerismo, saliendo del ámbito de las prácticas germanas, hayan pasado a la subconciencia colectiva de la Alemania de ayer y no hayan sido privadas de relación con su catástrofe. No hay persona con sensibilidad refinada que no haya advertido, efectivamente, esta atmósfera de "crepúsculo de los héroes" y de un "heroísmo trágico" sin vías de salida en muchas manifestaciones de masas del nacionalsocialismo como oscuro presagio de una dirección fatal, en manifestaciones realizadas en el signo de una supuesta continuación de la idea nórdico-alemana y en las cuales, por otra parte, los procesos "extáticos" tuvieron una parte primordial. Asimismo, se dice que en sus esbozos de doctrina, aquella corriente del "paganismo" supo también volver a tomar y afirmar sólo elementos espúreos y degradados, los cuales fueron ya incentivo de mucho valor para la polémica sectaria de la apologética cristiana contra el mundo tradicional antiguo, tema al que ya hemos aludido en alguna obra[85]. En esta mostrarnos también que el resultado fue una mezcla de naturalismo y de racionalismo que recuerda al mito iluminista de la "Naturaleza". Estos mismos caracteres híbridos, por lo demás, los ha presentado un cierto racismo asociado al neopaganismo, en el cual el concepto cualitativo y aristocrático de raza ha sido degradado en algo oscilante entre el biologismo científico moderno y un mito nacionalista y colectivista. Pero no es éste el lugar para detenernos en este argumento, ya tratado por nosotros en otras ocasiones.

* * *

Hasta aquí hemos considerado algunos desarrollos del mito naturalista que se han resuelto, desde el punto de vista de los valores de la personalidad, en una ruptura regresiva. Ahora debemos considerar y seguir otra posibilidad, la de aquellos que, una vez realizado el mito naturalista, se mantienen firmes, afirman la personalidad y conducen esta afirmación a consecuencias extremas.

Merejkowskij ha destacado que las afirmaciones del

---

[85] *Sintesi di doctrina della Razza*, Milán, 1943. *Síntesis de la Doctrina de la Raza y Orientaciones para una educación racial*, Omnia Veritas.

cristianismo, en sus aspectos de renuncia monástica y enemiga de la vida, han propiciado, como reacción, el desarrollo de una tendencia inmanentista, humanista y naturalista igualmente unilateral: en Occidente se considera y se exalta siempre más al hombre y se separa de él el centro y el criterio de todo valor, a "glorificar" la vida y todo lo de este mundo. De esta manera ha surgido el Anticristo frente al Cristo, mientras que, a la época del Dios-Hombre se superpone la del Hombre-Dios que culmina con la doctrina del superhombre. Acerca de esta última, Merejkowskij se refiere sobre todo a Federico Nietzsche y a Fedor Dostoievski[86].

Este planteamiento es exacto y también es oportuna la referencia a estos dos autores. Especialmente Nietzsche no es considerado como un pensador aislado, sino como una figura simbólica; en las varias etapas de su pensamiento o, para decirlo mejor, de su experiencia pueden reconocerse las mismas etapas de esta vía copiada por el hombre occidental moderno, así como también el último sentido de tal experiencia, no concebido distintamente por la mayoría[87]. En cuanto a las ideas de Dostoievski la misma imagen trágica y desgarradora proyectada en los más significativos personajes de sus novelas, tiene relación sobre todo con el último sentido y con aquel punto límite de la vía de la inmanencia.

Entre las diversas doctrinas de Nietzsche pondremos de relieve aquí, solamente, algunos puntos que tienen relación

---

[86] D. MEREJKOWSKIJ, *Tolstoi y Dostoievski*, trad. it. 2a. ed., Laterza, Bari, 1947.
[87] Cfr. R. REININGER, *F. Nietzsches Kampf um den Sinn des Lebens*, (Wien-Leipzig, 1925), p. 37. "La persona (de Nietzsche) es al mismo tiempo una causa. Es la causa del hombre moderno, por la cual aquí se combate, de este hombre que, desarraigado de la tierra sagrada de la tradición... se busca a sí mismo, es decir, quiere reconquistar un sentido que satisfaga su existencia ya perdida enteramente a sí misma". La obra de Reininger se publicó también en italiano con una introducción nuestra, con el título siguiente: *Nietzsche e il senso della vita*. (ed. Volpe, Roma, 1971).

directa con los argumentos que estamos desarrollando. Para comentarios más amplios remitimos a otra de nuestras obras[88].

Nietzsche se nos presenta como una figura típicamente moderna, esto es, como una personalidad fuertemente delineada, pero, sin embargo, privada por completo de sentido ya que una fortísima personalidad es solamente la expresión contingente de un principio superior. Es así como se ha realizado en él una especie de círculo cerrado en el que la fuerza se acumula, se diferencia, se exaspera y busca desesperadamente una liberación. Nietzsche no tuvo casi ninguna comprensión para las grandes tradiciones espirituales del pasado. No nos referimos, aquí a su violenta polémica anticristiana, en parte justificada y explicable en los términos de reacción a la que ya hemos aludido antes. Sin embargo se le escapó el lado más profundo, metafísico, de las tradiciones clásicas por las que mostró siempre mucho interés, callando luego sobre ciertas apreciaciones acerca del budismo. Así pues, Nietzsche encarna el tipo de quienes han querido ser "libres" como individuos humanos y a quienes se les ha dejado ir hasta el fondo en su vocación. Después de que el santo ermitaño ha hablado, el Zaratustra nietzscheano, dice, alejándose: "¿Es en verdad posible que este hombre no sepa todavía que Dios ha muerto?" No se podría indicar de una manera más sugestiva el punto de partida.

El nacimiento de la tragedia es una de las primeras obras de Nietzsche que, no obstante contiene la esencia de todos los desarrollos sucesivos de su experiencia. Nietzsche había tomado como base la concepción de Schopenhauer sobre el mundo. Schopenhauer había afirmado que la sustancia más profunda del mundo es la "voluntad", *der wille*. A decir verdad, él habría debido hablar de "deseo", porque se trata de una voluntad ciega, ansiosa, insaciable, que tiene por ley la necesidad. Esta ansia no

---

[88] *Cabalgar el tigre,* Omnia Veritas.

tiene nada fuera de sí, se tiene, entonces, sólo a si misma por propio objeto, se alimenta de ella misma y de esta manera se ve afectada por un fundamental desgarramiento y contradicción. Es posible reconocer en estos temas, muy claramente, una trascripción filosófica de nociones tradicionales que ya hemos recordado especialmente las de samsára y al *appetitus primigenius*. Solo que éstas no son concebidas como una ley válida únicamente para un modo de ser, para un estado, para una "región" del mundo, sino más bien como un principio universal. Sin embargo, como es obvio, Schopenhauer cae en contradicción en el punto de concebir la posibilidad de negar y de superarse a sí mismo. Por otra parte, sólo con referencia a esta posibilidad, se puede hablar de "voluntad" en sentido propio, como facultad de la personalidad humana. Pero entonces, para ser coherentes, no se debería considerar *wille* de Schopenhauer, sino un principio que fuera uno y doble a la vez, como "naturaleza que goza de sí misma y como naturaleza que domina a sí misma", para usar la fórmula de un antiguo papiro hermético.

En Nietzsche el problema se plantea así: de un lado está la clara, sin atenuación la visión del mundo como "voluntad" con el sentido de Schopenhauer, y por lo mismo como algo fundamentalmente irracional, trágico y contradictorio. Por otro lado, se considera al hombre como "voluntad", en sentido propio, es decir como una fuerza que puede poner valores y escoger un camino. ¿Pero cuáles han de ser los caminos que debe escoger? No hay más que dos: amar y desear a pesar de todo el mundo, o bien, evadirse, descargarse de las tensiones insostenibles llegando a ser "pura mirada", encerrándose en un mundo de formas y de contemplación estética casi como en un espejismo y en una hipnosis que lo desvía de sí mismo y lo hace olvidar el mundo trágico e irracional en que vive.

De *El nacimiento de la tragedia* surge ya la designación de las dos vías, tomada del antiguo mundo helénico; evidencia un malentendido y señala el límite de toda la concepción nietzscheana. La primera vía, la de identificarse con lo irracional y desearlo hasta en sus formas extremas, "trágicamente", es llamada la vía de *Dionisio*. Esencialmente es lo que Nietzsche llamará "fidelidad a la tierra". La segunda vía, la de la evasión contemplativa en el mundo de las formas puras, es llamada la vía de *Apolo*[89].

Esto significa desconocer completamente la esencia del antiguo apolinismo y, en parte, también la del antiguo dionisismo. En efecto, el dionisismo, conoció también algo más que la identificación ebria y paroxística con las fuerzas de la vida, conoció asimismo soluciones de liberación, y puntos críticos en los cuales, para usar la terminología de Simmel, vivir "dionisiacamente", el *Mehr Leben*, cambia de polaridad y conduce a algo más de la vida simple, a un *Mer-als-Leben* y, por lo tanto, a algo sobrenatural e incorruptible. Por lo que respecta a Apolo, aparte las admisiones estéticas, propias de las artes figurativas, su culto originario nos lleva precisamente a lo opuesto de todo lo que es evasión: Apolo es el dios hiperbóreo de la luz inmutable, de la virilidad espiritual, de una fuerza "solar" central y sin ocaso. Y si Nietzsche hubiera tenido alguna noción de lo que podía ser la tradición hiperbórea, el velo habría caído de sus ojos y habría visto también lo que verdaderamente se entiende por "superhombre".

Volviendo a las ideas de Nietzsche, el hombre dionisiaco no se pierde, sin embargo, en la identificación. En obras sucesivas se ve claramente que el centro se aleja cada vez más de la "voluntad" en sentido de los enunciado por Schopenhauer de la voluntad como poder autónomo que se manifiesta como pura

---

[89] En *El nacimiento de la tragedia*, Nietzsche, buscó una solución intermedia y creyó encontrarla en el tipo del artista dionisiaco quien, como creador, queda ligado al fondo irracional de la realidad pero, como artista, se libera igualmente y participa de la catarsis contemplativo. Pero esta concepción equívoca fue muy pronto superada por el propio Nietzsche quien, de distintas maneras, afirmó cada vez más resueltamente la oposición entre las dos direcciones.

determinación, como "voluntad de valor" y, finalmente, de "poder".

En este punto la red, poco a poco, se aprieta en torno a Nietzsche. Tenemos un desarrollo doble. Por una parte está la destrucción sistemática del mundo de la evasión, entendido ahora no sólo como del apolinismo", sino, en general, como el de todo "ídolo", sobre todo de los ídolos moralistas del "bien" y del "mal", de los mitos racionalistas y espiritualistas, hasta comprender el mismo mundo de la fe y de la religión. En pocas palabras, es un abatir todo aquello que puede o podía servir de apoyo exterior a la voluntad y a la personalidad, que podía mantenerla en pie mediante la relación con otros valores o leyes consideradas como absolutas. Aquí en Nietzsche, casi como en un compendio ontogenético de la filogénesis, encontramos de nuevo las etapas esenciales del "pensamiento crítico" occidental, hasta su extrema conclusión, el nihilismo completo. Y vuelve a confirmarse la originaria concepción trágica, en el sentido de que el último resultado es la visión del mundo como un conjunto de fuerzas que, en el fondo, no tienen objetivo alguno, que circulan, por así decirlo, sobre si mismas sin una meta definida y sin un sentido propio.

La otra parte del desarrollo es el motivo ya señalado de una ascética *sui géneris* de la voluntad, la cual es siempre entendida por Nietzsche como una fuerza que puede o que más bien debe resistirse a sí misma, decir "no" a sí misma y precisamente en eso experimentar su más alto poder. Pronto ambos puntos, en cierta forma, se encuentran, porque la capacidad de asumir sin pestañear siquiera la mencionada verdad nihilista, de resistir y mantenerse en pie en un mundo vacío de significado, no velado por el irrealismo de fines y de valores, junto a la capacidad de decir "si" a este mundo y de afirmar: "es esto precisamente lo que quiero", constituye la prueba extrema de la voluntad pura.

Pero también hay un punto sobre el que debemos volver. El concepto de "valor" como significado, sabor de la vida, permanece a pesar todo en el centro de la experiencia de Nietzsche. Y si todos los valores objetivos desaparecen y se muestran engañosos, existe una sola solución: concebir la propia voluntad pura como legisladora, como creadora de valores dando un sentido a la vida. Con toda razón se ha hecho notar que, pesar de cualquier apariencia, el "inmoralismo" de Nietzsche no hace más que llevar hasta el límite la llamada moral absoluta, formal o autónoma. El único punto firme que queda es el principio mismo, separado de todo elemento afectivo y sensible, de todo motivo "heterónomo" y "eudemonista", del "imperativo categórico" de Kant; sólo que en Nietzsche este principio es verdaderamente "puro", se evita el enredo por el que según Kant, al formular una norma concreta entran de nuevo ocultándose, ideas humanitarias de la corriente de la moralidad[90].

Nietzsche, en realidad, creó toda una serie de teorías y puntos de vista para superarlos uno tras otro y así con firmar la soberanía y el incondicionalismo del deseo.

Pero este caminar siempre adelante quemando tras de sí, uno por uno, puentes y mares, encuentra su límite en el siguiente problema: ¿Cómo podrá definirse en la práctica una nueva escala de valores? ¿Qué objeto tomará la voluntad pura legisladora para

---

[90] Aparte de Nietzsche, en Occidente, solo Max Stirner llegó más lejos con su teoría del "único", si bien aplicada casi exclusivamente al terreno social. Más lejos ni siquiera llegaron los exponentes de una corriente, en la postguerra causo mucho alboroto, el "existencialismo". En él se parte igualmente de la idea de la irracionalidad del mundo, ésta, sin embargo, *a parte subjecti* es decir, por la incapacidad de las fuerzas de la razón humana de otro (Kierkegaard). Semejante irracionalidad viene concebida como hecho escueto, como una "realidad existencias". El hombre, frente a ella, confía solamente el sí mismo y en su pura "responsabilidad" (Jaspers). Pero encuentra manera de descargarse mediante una referencia, igualmente irracional, en el Dios desconocido e inalcanzable. También Sartre, quien a diferencia de los demás existencialistas es ateo y, se refiere, más que a la responsabilidad, a un concepto suyo, el "no tener excusa" que permanece en un nivel muy alejado de lo expuesto por Nietzsche. Sobre el existencialismo cfr. nuestro libro ya citado, *Cabalgar el tigre*, Omnia Veritas.

formar, de un *caos*, un cosmos? Es aquí donde, al último, Nietzsche se vuelve falsamente hacia la biología. Al buscar un punto firme está sometido al mito de la "naturaleza" y de acuerdo exactamente con las degradaciones biológico-evolucionistas del mismo, propias de la época. La "fidelidad a la tierra" y el "no evadirse" han propiciado esta desviación. Nietzsche ha creído que en el mundo desierto de valores y de dioses la única cosa real y que no miente es la vida concebida como biología. De ahí la nueva valoración: todo lo que afirma, confirma y exalta la vida es un bien, es bello, es justo; todo aquello que la humilla y la niega es un mal, es decadencia. La suprema manifestación de la vida es la voluntad de poder. La incorporación de la más alta voluntad de poder es el superhombre. El superhombre, según Zaratustra, ya se habla presentado como una meta final, como el término de una evolución, término que justificará a la humanidad y le dará un sentido tanto a ella como al mundo. Después de conocer que "Dios ha muerto" principia la época de la afirmación del mundo y de la vida, que gravita sobre la venida del superhombre. Y la humanidad actual no se justifica más que en lo que afirma el Evangelio: "El hombre es algo que debe ser superado" y prepara los caminos para la venida del superhombre.

Y aquí el círculo se cierra. Lo que sea, positivamente, el superhombre, queda muy confuso en Nietzsche. En un período intermedio había tomado como paradigma esta o aquella figura despótico y dominante del pasado, especialmente de los tiempos del Renacimiento. Pero éstas son referencias secundarias y contingentes. El mismo mito "biológico" no es tomado muy en serio, es una superestructura y nada puede conducir mejor al engaño que la infeliz alusión a las "magníficas bestias de presa". La vía del superhombre es, en el fondo, según Nietzsche, la parte opuesta de cualquier medio naturalista inmediato. Y lo repetimos, es la vía de una continua e inexorable superación de sí mismo, de una dirección propia; de un desprecio no sólo al placer, sino a la misma felicidad; saber decir no, cuando una enorme fuerza en nosotros nos impulsa a decir sí. El superhombre puede ciertamente hacer todo, abrirse a cualquier clase de pasión, pero las pasiones en él no son ya "pasiones", son como poderosas fieras reducidas a cadena, que se precipitan y toman vigor sólo cuando él lo desea. La esencia íntima del superhombre puede más bien definirse como una ascética por la ascética misma, como una extrema quintaesenciado acumulación de la voluntad de poder entendida como valor y fin para sí misma. Pero en tanto se mantenga inflexiblemente esta dirección y, por otra parte, se "permanezca fiel a la tierra", es decir, quede firme condicional propio a la persona humana, la saturación puede tener por efecto un corto circuito, porque el potencial que "hijos de la tierra" pueden soportar es limitado. Merejkowskij, a tal respecto, tiene una imagen feliz: si los seres que, de salto en salto, han alcanzado una cima, sin saber volar, quieren ir mucho más allá, y de esta manera se precipitan al abismo que se abre en la sima.

Sobre la enfermedad y el fin de Nietzsche se han dicho gran cantidad de tonterías. Hasta se ha pensado que el hecho patológico esté en la base de sus experiencias y de sus concepciones, mientras que, si acaso, precisamente lo contrario sea lo verdadero.[91] No se necesita olvidar que, de acuerdo con Nietzsche, la doctrina fue vida y que si su existencia externa no nos muestra manifestaciones de superhombre teatral, sin embargo su vida interior se compuso toda ella de superaciones, de continua, quintaesenciada afirmación de voluntad pura. En realidad, el fin de Nietzsche está en relación con el fin o la tragedia de otros autores, algunos de ellos conocidos por el público, tales como Weininger, Michelstäedler y tal vez también

---

[91] En realidad, de los siquiatras ya referidos, que hemos traído a colación, resulta que el caso de Nietzsche tuvo rasgos "atípicos" verosímilmente "psicógenos". La epilepsia de Dostoievski: queda fuera de discusión; sin embargo, está por verse hasta qué punto ella haya condicionado y hasta qué punto haya determinado ciertas experiencias espirituales suyas. Algunas enfermedades tienen alguna vez la función de producir grietas en una pared que separa, sin las cuales para las personas de que se trata, la visión de aquello que se encuentra de la otra parte de ella tal vez no habría sido posible.

Hölderlin, y otros más o menos ignorados que han seguido un pensamiento análogo. A todos ellos se les podría aplicar la expresión de santos malditos. Son precisamente los exponentes occidentales de la ascética por la ascética", que la enseñanza tradicional consideró como un grave peligro espiritual, como una vía que no produce ni libres ni liberados, pero muchas veces sí titanes encadenados y "obsesos".

Los obsesos es en realidad el título de la novela de Dostoievski donde se encuentran ideas contrarias a lo expresado por Nietzsche; en Dostoievski, sin embargo, es más visible un elemento que en Nietzsche se traiciona casi solamente en sus efectos; es decir, se ve más claro que la voluntad de absorber en el hombre algo sobrenatural es aquello que produce la criál: Pero en Nietzsche y en menor medida viene concebida la íntima fuerza que hace posible el "nihilismo integrar' y la "ascética por la ascética de Nietzsche: se trata del esfuerzo por incluir algo que, en el fondo, "no es de esta tierra".

Las ideas de Dostoievski que nos interesan por ahora están contenidas en el credo de Kirillov, uno de los principales personajes de Los obsesos. El punto de partida, que confirma lo que hemos dicho hasta ahora, es la afirmación de Kirillov que "el hombre no puede existir sin Dios", nosotros más bien diríamos que un "Dios" debe existir. Pero Kirillov llena a convencerse de que Dios no existe y no puede existir. Entonces, para poder seguir sosteniendo esto queda un único camino: que el hombre descubra que él mismo es Dios. Así la historia de la humanidad se divide en dos épocas. La primera de ellas com- prende una humanidad que, como diría Nietzsche, no sabe todavía que "Dios ha muerto" y que obra, piensa, crea, combate solamente para aturdirse y sofocar el presentimiento de este conocimiento y continuar viviendo. En términos de Nietzsche, esto equivaldría al mundo prenihilista, donde viven los "ídolo", el "bien" y el "mal" y los diversos espejismos del apolinismo. La segunda época se inicia con el conocimiento de la inexistencia de Dios y con la admisión de la divinidad por parte del hombre en un desarrollo en el cual él deberá convertirse en otro ser, espiritual y físicamente. Son los mismos horizontes del "super-hombre".

El hombre no osa todavía reconocer que él es Dios. Y por ello es infeliz. Tiene miedo de asumir la herencia- del "Dios muerto". Y no es Dios solo porque tiene miedo. El miedo, y con él el dolor. es lo que lo condena a la miseria y a la infelicidad. Cuando supere el miedo y el dolor todos los caminos abiertos para él. El punto de partida consiste en demostrarse a sí mismo el supremo atributo de la divinidad, el libre albedrío. El hombre puede hacer eso cuando su "sí" o su "no" pueda no sólo verse sobre un sector de la vida, sino sobre la vida tomada en su totalidad. Diciendo "no" a toda la vida, suicidándose, él puede demostrarse a sí mismo "su nueva terrible libertad", puede demostrar que Dios no existe y que él mismo es Dios. Kirilov completa esta especie de suicidio metafísico para sellar su doctrina y así abrir el camino al hombre nuevo, al Hombre-Dios.

Este acto de un personaje de novela no tiene, naturalmente, más que una importancia simbólica. Sin embargo, no es posible dejar de ver en ella la extrema, lógica consecuencia de la vía de la "ascética por la ascética", la última de las autosuperaciones del hombre como quintaesenciado voluntad de poder, y se puede establecer una íntima relación entre este símbolo y la tragedia, o la ruina, la caída de todos aquellos a quienes nosotros hemos llamado los "santos malditos".

Se puede decir que la puerta ya está entrecerrada según Dostoievski, pero nada más entrecerrada. El ha recogido solamente el relampaguee de una verdad superior, la cual se ofusca de inmediato por una concepción "humanista". Este es el punto en el cual podemos volver a nuestro argumento principal.

La doctrina del superhombre, formulada esencialmente sobre un plano cerebral, no se ha traducido en una práctica "espiritualista". A pesar de todo, es necesario tener presente que ella indica, como ya se ha dicho, una fatal dirección de desarrollo para el hombre occidental que "no evade" ni sugiere la vía de las regresiones. Así debemos tenerla presente en todos sus peligros. El "superhombre" constituye un punto límite, algo semejante al caminar sobre el filo de la navaja. En los extremos superiores de la "ascética por la ascética" basta una nada para que el "superhombre" se transforme en un obseso, para que un tipo superior humano llegue a ser un peligroso instrumento de fuerzas oscuras. Este peligro es máximo cuando el hombre hecho de una voluntad pura, pero no transfigurada, sale de una especie de parálisis y actúa; y ésta, práctica y técnicamente es para él una especie de necesidad; en el mundo del "superhombre" de las descargas se imponen bajo la forma de acciones más allá del bien y del mal" y de experiencias de una extrema intensidad que pueden comportar, las unas y las otras, igual cantidad de evocaciones. Profundizar este orden de cosas nos conduciría más bien lejos; en parte tocaremos este punto de nueva en el próximo capítulo, al hablar de los peligros de ciertas formas de magia. Sobre la vía del "superhombre", aun sin quererlo y sin darse cuenta se pueden establecer contactos con lo suprasensible y con lo "espiritual" porque se camina por el límite que separa aquello que es individual y humano de lo que no lo es ya. A diferencia de los casos a que aludiremos y también de cuanto sucede en algunos métodos especiales de desarrollo[92] aquí hay, sin embargo, la circunstancia todavía peor de que el "superhombre" ignora por hipótesis lo suprasensible, y por lo tanto carece de una verdadera defensa de frente a él, se halla abandonado a sí mismo, "sin excusa", como diría Sartre, para quien el suyo es en verdad un "vivir peligrosamente".

Merejkowskij, desarrollando el esquema va indicado, en sentido casi hegeliano, ve la solución del problema en la síntesis

---

[92] Hacemos alusión a aquellos métodos que tienen su expresión más típica en la llamada "vía de la mano izquierda tántrica" (doctrina mezclada de paganismo y budismo) "Cfr. EVOLA, *Lo Yoga della Potenza*, ensayo sobre los tantra, 3a. ed., Roma, 1968.

e integración recíproca de los símbolos de las dos épocas, es decir en un encuentro del Hombre-Dios con el Dios-Hombre. Lo cierto es que solamente hay una salida: abrirse un camino hasta la trascendencia, reconocer que el orden sobrenatural es aquel en el que sólo puede realizase el verdadero ideal del superhombre. Éste es el único modo para avanzar continuando la ascética en lugar de caer al precipicio, de despedazarse y de hundirse después de haber alcanzado la última cumbre nada más con las fuerzas de la personalidad humana. Entonces el "superhombre" no será ya el límite extremo y la extrema potencia de la especie "hombre", sino que será otra naturaleza, una especie diversa, el "ya no hombre". El punto de separación no es el suicidio de Kirillov, sino lo que la enseñanza tradicional ha concebido como "muerte iniciativa". Hay una única solución para la tragedia del titán, para la superación del obseso, para el verdadero cumplimiento del precepto: "El hombre es algo que debe ser superado"; y ésta es la vía de las iniciaciones tradicionales. Entonces también varias situaciones propias del superhombre perderán su tinte blasfemo, serán rectificadas y las enseñanzas universales alcanzarán una sabiduría superior[93].

Además, haremos alguna consideración de orden práctico. Se puede decir que la corriente del "superhombre", en su doctrina de la voluntad y de la ascética es una rémora y hace contrapeso a la dirección evasionista, mediumnica y mística de gran parte del espiritualismo contemporáneo. Aun aquellos que, habiendo seguido vías análogas a la del "superhombre" aspiran a un puesto superior más allá del orden profano, deben darse cuenta que, como predisposición, se encuentran casi siempre en

---

[93] Por ejemplo, cuando Kirillov dice que el hombre debe darse cuenta de que él mismo es Dios y cuando el Zaratustra nietzscheano se maravilla frente a quienes todavía no saben que "Dios ha muerto", no hace otra cosa que representar en forma retorcida la enseñanza upanishadica de la "destrucción de la ignorancia" y la verdad anunciada en el mismo texto evangélico: "Acordaos de que fue dicho: vosotros sois dioses".

una situación de desventaja respecto de cualquier realización efectiva de lo sobrenatural. Han cultivado una exasperante, oculta sensación de su personalidad. Además, quien ha producido la catarsis propia de la crítica destructora de todo "ídolo", llevada hasta el nihilismo integral es, por lo general, un intelectual cuyo centro de sí mismo reside en el pensamiento abstracto; lo que tiene casi siempre como consecuencia una atrofia o neutralización de facultades más sutiles, exigidas por la preparación a lo suprasensible. En particular se ve afectada la facultad de pensar no en conceptos y palabras, sino formando y animando imágenes plásticas. Y también todo esto constituye una seria desventaja.

Con ocasión de la crítica de la antroposofía dijimos que no es necesario hacerse ilusiones sobre la "iniciación individual". A menos de que no se presente una especial y privilegiada disposición interior debida por la supervivencia de una sensibilidad y de un recuerdo no obstruidos completamente por la limitación humana, el individuo únicamente con sus fuerzas no puede ir por el camino iniciático más allá de un cierto punto. De esta manera si algunas disciplinas indicadas por la antroposofía por grupos semejantes pueden tener un lado positivo ahí donde se vuelven para reforzar la personalidad y la autoconciencia y para limitar toda determinación por parte del mundo externo y de lo instintivo, sin embargo pueden presentar los peligros de "la ascética por la ascética" cuando son exasperadas y no se logra "ahondar". Es decir, se muestran otra vez los peligros relativos a los circuitos carentes de modificación en los que se acumula un potencial demasiado elevado. La facilidad contradictoria con la que, después de las disciplinas ya señaladas, muchos "discípulos secretos" se convierten en víctimas de alucinaciones y de sugestiones y se transforman en fanáticos del uno o del otro "espiritualismo" privados de todo discernimiento crítico, se explica sobre tal base v remite a la misma situación por la cual, sobre un plano diverso, el superhombre puede dar lugar al obseso.

En un determinado punto de las disciplinas y del desarrollo dirigido sólo por las fuerzas individuales deben insertarse influencias de orden diverso. Es entonces cuando se da una solución a las tensiones y la corriente procederá en dirección verdaderamente ascendente. Son muy diferentes las circunstancias en las que puede verificarse un injerto vivificante, integrativo y "anagógico". El caso más común sería entrar en contacto con representantes cualificados de una auténtica tradición iniciática. Pero hoy en día la cosa no es fácil, en vista de que la mayor parte de los centros espirituales se "han retirado" para dejar que el hombre occidental vaya donde quiera, sin medirle la libertad. A este respecto, como dirían los teosofistas, el hombre actual tiene algo que ver con una especie de karma colectivo.

Para finalizar habiendo hablado de "ascetas del mal" quien conozca íntimamente los debates en familia entre las varias logias y sectas espiritualistas y sepa con cuanta frecuencia se acusan recíprocamente de "magia negra" puede preguntar: ¿Es tal vez ésta una posible prolongación de la doctrina del "superhombre"? ¿Algo que se prolonga en lo suprasensible?

No es necesario aquí incurrir en equivocas. En cuanto al "espiritualismo" específicamente teosofistas, aparece bien clara la tendencia a estigmatizar como "magia negra" cualquier actitud divergente del petimetre altruista y humanitario, y ya hemos visto que Steiner llega hasta el punto de llamar "senda negra" al del iniciado que no renuncia al nirvana para ponerse al servicio de la "evolución del mundo y de la humanidad". Éstas naturalmente, no son más que fantasías y, en general, es necesario decir bien claro que todo lo que pertenece al orden iniciático, por definición, es decir, por qué este orden se define con lo que está más allá del individuo y de lo humano, no conoce ni el "egoísmo" ni el "altruismo" ni el "bien" ni el "mal" en términos comunes.

¿Se puede por lo tanto hablar de "ascetas del mal"? Ciertamente se puede, pero no con sentido moralista. El reino del "mal" corresponde, metafísicamente, a lo que Guénon ha dado en llamar contrainiciación. En el plano más bajo se trata de las influencias que llamamos antes "inferiores", influencias que, por vía de su misma naturaleza, actúan destructivamente sobre todo lo que es forma y personalidad. Pero, más en alto se trata de fuerzas inteligentes, el objeto de las cuales es el de desviar, pervertir o invertir toda tendencia del hombre a volver a conectarse con lo verdaderamente sobrenatural. Esto es un orden al que se puede llamar "diabólico" y, en caso extremo, satánico. No es concebido en forma abstracta, sino más bien en relación con seres reales, algunas veces también con determinados centros y con especie de frente oculto. Esto no es un plano simplemente humano, y precisamente en función de él se define, en determinados casos, el concepto de "ascetas del mal". Sin embargo, se trata de un orden de cosas demasiado "especial" para que aquí se pueda hablar más sobre esto[94].

---

[94] Cf. *El Reino de la Cantidad y los Signos de los Tiempos*, René Guénon, Omnia Veritas.

IX

El Satanismo

Descendiendo un escalón y manteniéndonos dentro de la materia objeto del presente libro, se puede examinar el satanismo que representa, por así decirlo, el punto extremo de las tendencias modernas hacia lo sobrenatural, acompañadas de posibles convergencias de evocaciones involuntarias de las que ya se ha hablado al fin del capítulo sexto. Se puede decir que Satanás y satanismo son actualmente una moda que ejerce fascinación singular. Lo siniestro ha suministrado suficiente materia para varios escritos, novelas, filmes e, incluso, folletos. Por otra parte, existen en la actualidad grupos que se proclaman abiertamente "satánicos", pretendiendo practicar la magia negra: caso especial que empieza a brotar en los ambientes de los que van en busca de lo sensacional y de lo oculto, encontrando en tal caso un ingrediente más excitante para sus experiencias. Después de haber proporcionado suficientes puntos de referencia por lo que respecta a un dominio especializado, opuesto a la iniciación, veamos la manera de orientamos frente a este "satanismo" moderno de carácter difuso, periférico y con frecuencia efímero.

Podemos comenzar con la definición de lo que se entiende por "satánico". En nuestra área cultural, Satanás ha tenido el significado, en primera línea, de "adversario" (sin embargo lo expresa mejor por su etimología la palabra *diabolus* = calumniador, acusador) y "principio del mal" (el maligno). Pero la genealogía, si así puede decirse, de Satanás, es compleja. El concepto de Satanás y del principio del mal encuentra sitio solamente en una religión que tenga como vértice a un dios "moralizado", es decir, un dios definido únicamente por todo aquello que tiene comúnmente un valor para los hombres, como lo bueno, luminoso, creativo o providencial, de tal manera de aquel que no presente tales características (y al que, sin embargo, se debería referirse también considerando varios aspectos de la realidad y de la naturaleza) puede reunirse, concretarse y personalizarse en un antidiós, exactamente en el diablo. Sin embargo, en una concepción metafísica del Principio, este dualismo (que ha tenido su más conspícua expresión en la religión antigua del Irán, el madzeísmo, con Arimán en oposición con Aura Madza) no representa la instancia extrema. El principio supremo vence al dios "moralizado", comprende también la "otra meta", entre ambos extremos, manifestándose ya sea en lo luminoso como en lo tenebroso, en lo creativo o en lo destructivo, por lo cual el concepto del Satán occidental y cristiano da lugar a aquello que tiene un rostro diverso del Dios. Haciendo referencia a esta concepción o teología definiríamos a Satanás como una fuerza destructora, que perdería su carácter tenebroso volviendo a entrar a una "dialéctica de lo divino"[95]. Como ejemplo se puede aducir la concepción hinduista de la Trimurti, es decir, del triple rostro de la divinidad, de donde derivó un culto tanto del Dios como creador y conservador del universo (*Brahma* y *Vishnu*) y de su aspecto destructor (*Siva*). Por lo tanto, únicamente con reservas precisas se puede confirmar la caracterización de lo satánico y lo diabólico en términos de una fuerza destructora. Se requiere, además, añadirle la "maldad".

Al margen del mundo islámico e iranio solo ha existido una secta de "adoradores del diablo", la secta de los yezidi. Su visión es diferente y se resiente visiblemente de algunas corrientes teológicas del gnosticismo cristiano antiguo. La antítesis da lugar

---

[95] Sobre este punto puede consultarse a M. ELIADE, *Mefistofeles y el Andrógino* (trad. esp., Guadarrama, Barcelona, 1977) donde se habla de diversos escritos en los cuales los opuestos se encuentran reunidos en lo divino.

a una estratificación jerárquica. "Dios" es reconocido pero relegado a una absoluta intrascendencia. Quien gobierna este mundo es Satanás, dios de orden inferior, que vive en el mundo y persigue fines mundanos, que quiere el éxito y la felicidad en el mundo, no la divinidad separada a la que debe volverse, sino "por competencia", precisamente al diablo, *princeps huius mundi* (príncipe de este mundo), sin particulares connotaciones negativas. Los yezidi tienen culto y ritos sobre los que se ha sabido muy poco, habiendo permanecido secretos, y a los que se les ha atribuido naturalmente un carácter tenebroso. Demostraremos ciertas concordancias de estas ideas de los yezidi con algunas formas del satanismo caprichoso de nuestros días.

La verdadera caracterización del satanismo se obtiene ahí donde se hace referencia no a la idea del "mal" -término genérico y de contenido variable en virtud de su condiciones sociológicas e históricas- sino más bien a un *placer por la perversión como tal,* al impulso no tanto a destruir como a contaminar con la blasfemia y el ultraje sacrílego. De esta manera la llamada magia negra y la brujería no son necesariamente "satánicas", pueden ser prácticas para obtener fines considerados moralmente malvados por una determinada sociedad, y la incidencia sólo puede relacionar las fuerzas activadas a tal objeto.

Ahora bien, lo que nos interesa no es el plano operativo sino el de las evocaciones y de la experiencia vivida. Parece que existen todavía, especialmente en Escocia, *witches,* es decir, mujeres dedicadas a la magia y a los encantamientos, los cuales, por otro lado, no corresponden a la imagen repelente de las viejas brujas medievales, ya que pueden ser también jóvenes y bellas. En lo que se les atribuye, puede ser reconocida una autenticidad; suelen unir sus prácticas con tradiciones y consagraciones transmitidas a través de las generaciones. Las cosas son diferentes para las personas que, sin tener nociones, vuelven a practicar hoy, extemporáneamente, algunos ritos, sin ninguna transmisión regular, añadiéndole lo "satánico' sólo como un agregado picante y morboso. Es así como en la parte septentrional del estado de Nueva York ha surgido un grupo llamado "witch", palabra que quiere decir "bruja" (en sentido no necesariamente repelente como ya se ha indicado), cada una de cuyas letras corresponde a las iniciales de *Womens International Terrorist Conspiration from Hell,* es decir "Conspiración internacional de las mujeres del infierno". Se tiene conocimiento además de otros grupos dispersos aquí y ahí, los cuales celebran sacrificios de animales con fines mágicos utilizando especialmente la sangre de las víctimas. A pesar del carácter espureo y grotesco de todo esto, no se excluye que alguna vez se llegue a experiencias que permiten la interferencia de fuerzas "infernales" y "diabólicas". Un caso concreto nos induce a pensar. En este período en el cual escribimos ha despertado gran estupor el asesinato infame de la famosa actriz Sharon Tate y de otras personas por obra de la "familia" de Charles Manson. Manson decía que era unas veces "dios" y otras el "diablo". El sexo y las drogas parecen haber tenido una gran parte en la religión de su "familia" y sus autores (entre los que se encuentran tres muchachas jóvenes quienes dijeron ser "las esclavas de Satanás") no han sabido dar ninguna justificación sensata (la motivación sociológica, de actos del género como "protesta" en contra del sistema de una sociedad que juzga y controla, se considera muy inconsistente). El hecho de que se atribuyera al asesinato un carácter ritual, deja efectivamente sospechar un fondo de obsesión demoníaca resultado de aquellas evocaciones involuntarias de las que ya se ha tratado.

Esta misma línea ha tenido en la historia su máxima expresión en el mariscal Gilles de Rais. Gilles de Rais había combatido al lado de Juana de Arco sin dar nunca un signo de anormalidad; bruscamente se transformó en un monstruo sin igual, el cual gozaba de éxtasis tenebrosos y salvajes, inseparables, según su misma afirmación, de apariciones sobrenaturales, acompañadas de la contaminación sádica y de la matanza y destrucción de un número incontable de niños inocentes. El fenómeno de una brusca e intempestiva invasión demoniaca en él parece ser confirmado por el hecho de la contrición y de una especie de transformación del mismo semblante de Gilles de Rais antes de su ejecución, como si la fuerza que lo había poseído lo hubiera abandonado.

Si, como se ha dicho, el carácter de la blasfemia, del sacrilegio y de la contaminación, y no el "mal" en general y la destrucción, es esencial para lo satánico, en esta misma línea se incluyen ciertamente las llamadas misas negras, consistentes en una parodia blasfema del ritual católico con cruces colocadas al revés, velas negras, oraciones invertidas, hostias profanadas, consagraciones al "diablo" y así por el estilo, y no consisten, en cambio, en una continuación errónea y grotesca de algunas ceremonias precristianas. También se habla mucho hoy en día de las misas negras con la intervención del sexo como principal ingrediente, sirviendo como una tradición el hecho de que en las misas negras actúa como oficiante, altar y hostia una joven completamente desnuda.

Si está fuera de toda duda que en muchos casos todo este aparato diabólico y algunas veces también místico sirve solamente como pretexto para la sexualidad, hay sin embargo que considerar dos puntos. El primero es la parte que pueden tener el sexo y el orgasmo en procesos evocatorios, incluso en los involuntarios, por ser el sexo "la más grande fuerza mágica de la naturaleza" de la que puede disponer el hombre, más allá de cualquier uso profano y libertino del mismo. El segundo punto se refiere a una coyuntura histórica particular. Al hablar de la génesis del concepto occidental de Satanás dijimos que este concepto ha compendiado todo lo que era rechazado por la concepción del dios moralizado. En esta concepción del cristianismo estaba presente una fuerte "sexofobia": el sexo era estigmatizado como algo pecaminoso, enemigo del espíritu y de todo lo que es sagrado; así como pasó automáticamente a la "otra meta" y fue asociado a lo diabólico, al "enemigo", al grande tentador". Era natural, por lo tanto, que, ya sea en el Sabbat, en otras ceremonias reales o con carácter de "sicodramas", el desencadenamiento orgiástico del sexo se uniera al satanismo.

Pero en el clima actual de libertad sexual y de "revolución sexual" esta coyuntura, es ya, en gran parte, inexistente, y aquí aparece el peligro de que el satanismo valga con demasiada frecuencia como el picante y morboso para quien contemple esencialmente el sexo y busque un ingrediente para gozar de sensaciones más intensas.

La desembocadura del satanismo contemporáneo queda indicada en el caso de la "Iglesia de Satán" fundada en California por Anton Szandor LaVey en la última noche de abril de 1966, la cual es la famosa noche de Valpurgis, sagrada de acuerdo con las antiguas ceremonias del Sabbat[96]. La parte humorística y grotesca está presente en el hecho de que esta iglesia, que tiene sus bautismos, sus matrimonios y sus exequias celebradas bajo el signo de "Satanás", haya sido reconocida por las autoridades, y que su gran sacerdote, LaVey, se haya hecho fotografiar al lado de su fiel esposa que nada tiene de diabólica y al lado de sus hijos, exactamente como si se tratara de una perfecta familia burguesa. Por lo demás la prensa fue admitida en ritos en los cuales, aparte de varias jaculatorias y de un cierto ceremonial, el único punto verdaderamente escandaloso, y que llamaremos peregrino en la época de los *streep-teases* convertidos en espectáculos casi de consumo común, es una mujer desnuda sobre el altar "satánico", el "punto central sobre el que se concentra la atención durante las ceremonias"; por otra parte, "no en una posición inconveniente" como refiere un cronista, ya que la mujer seria "el receptáculo natural pasivo y representa a la Madre Tierra"[97]. Tal es una vaga reminiscencia de los antiguos "misterios de la mujer", en los que había bien poco que fuera verdaderamente satánico.

Por lo demás, en este "satanismo" se podría encontrar en

---

[96] A. S. LAVEY, *The Satanic Bible* (La Biblia Satánica) Avon, Nueva York, 1969.
[97] LAVEY, op. cit., p. 134.

parte la concepción de los yezidi que hemos indicado, acerca del diablo como una fuerza poderosa adecuada a las cosas de este mundo, asociada, sin embargo, a una especie de paganismo muy banal. Satán es el "opositor" sin sede cósmica (como el enemigo de Dios o antidiós) pero simplemente de carácter moral: es el dios de una religión de la carne y de la vida, opuesta "a todas las religiones que humillan y condenan los instintos naturales del hombre". El satanismo se reduce, por lo tanto, a afirmar y consagrar todo lo que las otras religiones consideran como pecado; su evangelio es "sacar provecho de la vida lo más que se pueda aquí y ahora. No existe ni cielo ni infierno, cada uno es su propio redentor"[98]. En esto se añade una especie de darwinismo o nietzcheanismo de la peor especie: "Bienaventurados los fuertes porque vencerán en la lucha por la existencia, y malditos los débiles que tendrán como herencia el yugo." Se lee en el libro intitulado *Satanic Bible:* (Biblia Satánica): "¡Soy un satanista! Inclinaos, porque soy la encarnación más alta de la vida" y esto es un ensayo de las invocaciones: "En nombre de Satanás, el señor de la Tierra, el rey del mundo, ordeno a las fuerzas de las tinieblas me concedan su poder infernal. Abrid de par en par las puertas del infierno y venid al abismo a saludarme como vuestro hermano (o vuestra hermana) y vuestro amigo"[99].

Hay peligro, sin embargo, de que todo esto quede reducido a palabras; una doctrina que se limita a exaltar los "instintos naturales humanos" y a alentar su satisfacción, una religión de la vida y de la carne, de la fuerza y de la inmanencia sin nada de propiamente perverso y blasfemo (aparte de la negación de la moral cristiana) bastaría referirse de nuevo al peor Nietzsche y a su polémica anticristiana o también a las ideas de D. H. Lawrence, sin estorbar a "Satanás" y sin necesidad de una escenografía satánica; bastaría simplemente con proclamar un ateísmo y un

---

[98] Ibid., p. 33.
[99] Ibid., p. 144.

"paganismo" (en su acepción más profana); no sería satanismo, sino precisamente un neopaganismo, sin ningún fondo de trascendencia y de transfiguración, el nombre justo y honesto que conviene a este evangelio de LaVey.

La aclaración de que Satanás es "una fuerza oscura y oculta que actúa en procesos para los cuales la ciencia y la religión no dan una explicación", no está de ninguna manera desarro- llada. No se alude en absoluto a experiencias, ni tan siquiera a éxtasis sombríos; se mantiene en la misma línea popular de las narraciones con personajes que se refieren al "diablo" y con quien hacen pactos para obtener la satisfacción de sus propios deseos y para abatir a sus enemigos. Sobre ritos operativos considerados en la "Iglesia de Satanás" (en los que figuran también fórmulas de una hipotética "lengua de Enoch", transmitidas por una mano desconocida) dotados de cierto poder efectivo evocador, están sujetos a una constante cautela. Sin embargo, no se excluye que a pesar de todo algo "se mueva" cuando se activan fuertes cargas emotivas y de sugestión.

Para concluir, podemos decir que este esquema general puede proporcionarnos una orientación al respecto. Toda tradición corresponde a un proceso, mediante el cual se imprime una forma a algo que no la tiene. Esta materia subsiste dentro de la forma y por debajo de ésta. Es posible activarla, liberarla, hacerla resurgir y reafirmarla destruyendo el orden de las formas tradicionales; tal es la esencia de las evocaciones demoniacas, voluntarias o involuntarias.

Hay, sin embargo, otra alternativa: la ofrecida por un uso ordenado desde arriba de aquel fondo y de su liberación, por el que *lo que está debajo de la forma puede* ser usado para conseguir lo que está por encima de ella, o sea una verdadera trascendencia. Pero esta posibilidad regresa al ámbito iniciático; forma parte también del *vâmâcâra* tántrico, de la llamada "vía de la mano izquierda", cuya peligrosidad no obstante, es fácil comprender; a no ser que se posea una calificación excepcional

-y no una orientación interior equivocada- o bien, como algunos sostienen, también un "crisma protector".

Para completar, incluiremos en esta reseña compendiada del satanismo, una alusión a Aleister Crowley, a título de tránsito al tema que trataremos en el próximo capítulo. Crowley ha sido un individuo cuya personalidad supera sin lugar a dudas a todos los nombres que hasta ahora hemos considerados. Si lo asociamos a la línea del satanismo es porque él mismo nos invita a hacerlo. Efectivamente, él se había dado el título de la "Gran Bestia 666" que es el Anticristo del *Apocalipsis*, mientras a las mujeres que elegía y usaba sucesivamente, les daba el nombre de "Mujer Escarlata", siempre según el Apocalipsis de San Juan, es la "Grande Prostituta" asociada a la "Bestia". La calificación "el hombre más perverso de Inglaterra", que le fue dada por un juez en Londres con relación a una peripecia judicial, le debió causar mucho placer, tal era su gusto de escandalizar, recurriendo para conseguir este fin a cualquier medio.

Una de las invocaciones empleadas en las ceremonias presididas por Crowley es la siguiente:

¡Tú, Sol espiritual! ¡Satanás! ¡Tú ojo, tú voluptuosidad. ¡Grita en voz alta! ¡Grita más fuerte! ¡Haz girar la rueda, oh Padre mío, oh Satanás, oh Sol!

Tales invocaciones parecerían confirmar indudablemente el satanismo, aun cuando no fueran una mescolanza (como la del "Sol espiritual"). Hay que considerar, sin embargo, que Crowley no puso a Satanás en el lugar de Dios, dada la alta estima en que tenía a tradiciones, como la Kabbala, las cuales veneran a una divinidad a pesar de que era concebida metafísicamente y no con sentido religioso. En fin, como en otros casos ya considerados, el ostensible satanismo de Crowley se define en los términos de una antítesis del cristianismo como doctrina que condena todos los sentidos y la afirmación integral del hombre, pero en este caso, no con un fondo naturalista, sino más bien de iniciación y "mágico". Si fueron invocadas fuerzas peligrosas, parece que en el caso específico de Crowley las condiciones ya señaladas para afrontar experiencias del género estuvieron presentes, en primer lugar, porque Crowley tenía una personalidad excepcional y estaba predispuesto de forma natural a contactos con lo suprasensible (además de poseer un particular "magnetismo"); en segundo lugar, por su unión con organizaciones bastante serias de carácter iniciático. Se trata, en primera línea, de la organización *Hermetic Order of the Galden Dawn* (orden hermética del Amanecer Dorado) del que Crowley formó parte, a pesar de que luego se separó con el fin de instituir la *Ordo Templi Orientis* (Orden del Templo de Oriente) (O.T.O., con reminiscencias de los caballeros templarios y Baphomet que había sido exhumado). Sin embargo, esta Orden utilizó muchos rituales mágicos de la Orden del Amanecer Dorado, con la pretensión de comunicarse con los llamados "maestros secretos" o con "inteligencias". Crowley también atribuyó la génesis del *Liber Legis* (Libro de la Ley), compendio de sus doctrinas, a una entidad que había sido evocada por él en el Cairo, Aiwass, que sería una manifestación del egipcio Hoor Paar Kraat, el "Señor del Silencio". Se debe sostener que, en general, todo esto no se reduce a la pura fantasía, ya que Crowley tuvo algunos contactos reales con un mundo misterioso suprasensible.

No se trata de detenernos aquí sobre la vida de Crowley, muy agitada y prestigiosa pues; además de cultivar la magia (él dijo: "He rehabilitado la magia y la he identificado conmigo en el curso de mi propia vida"), fue poeta, pintor, alpinista que se inmortalizó, entre otras cosas, por haber escalado las cumbres más altas del Himalaya, el K 2 y el Kinchijunga; experimentador de drogas (escribió también una obra intitulada *Diary of a drug friend* = "Diario de un amigo de las drogas", publicado en 1922)[100]. Nos limitaremos a indicar brevemente a sus doctrinas y

---

[100] Para la parte biográfica, cfr. J. SYMONDS, *The Great Beast, The life ol Aleister*

técnicas. En el *Liber Legis* se puede prescindir de la polémica anticristiano y pagana obligada en tendencias semejantes. Se lee, entre otras cosas (I1,22): "Hombre, sé fuerte; goza de toda cosa y de todo éxtasis, sin temer que por esto Dios pueda condenarte." Para el individuo se indicada una doctrina resumida en tres principios. El primero es: "Haz todo lo que quieras, tal es la ley" *(Do what wilt shall be the whole of the law)*. Pero no hay que entender que se prescribe hacer todo lo que nos gusta (como en la frase de Rabelais *Fay ce que vouldras,* haz lo que quieras) porque Crowley se refiere a la *verdadera* voluntad de descubrir dentro de sí lo que se leva dentro y después realizarlo. Este descubrimiento y esta realización serían la esencia de la obra (el discípulo debía jurar ante la "Grande Bestia 666" de consagrarse a ella), con la advertencia de que -afirmaba Crowley- solamente aquellos que llegan a este punto son verdaderamente hombres y señores, mientras que el resto son "esclavos" (verosímil ante todo, desde el punto de vista interior). Por lo demás, Crowley ha hablado también de una autodisciplina por lo menos respecto a sí mismo, de una "moral rigurosa mucho más que cualquier otra a pesar de la absoluta libertad en relación a cualquier código de conducta acordado". En la misma perspectiva debe entenderse el siguiente corolario: *"The only sin is restriction",* es decir, el único pecado es la restricción, indudablemente a la luz de la mencionada voluntad.

El segundo principio consiste en que "todo hombre es una estrella", en el sentido de que en él se manifestaría o encarnaría un principio en cierta manera trascendente, lo que lleva, en

---

Crowley, 3a. ed., Londres, 1952.; para algunas comparaciones sobre las doctrinas, cfr., la obra del mismo autor intitulada, The *Magic of Aleister Crowley,* Londres, 1958 y el ensayo llamado *The lace and mask of A. Crowley,* en "Inquiry", n. 4 116, 1949. Durante ese tiempo, se publicaron muchos otros Escritos sobre Crowley, lo que confirma el interés suscitado por él aun después de su muerte. Parece que, por lo menos en parte, Somerset Maugham en su novela El mago se inspiró en él.

general, más allá de un mero naturalismo "pagano". Se podría volver a tocar la teoría del "sí mismo" distinto del simple "yo". Por lo tanto, también la conexión con el concepto especial antes indicado, de la voluntad, aparece evidente. Entre otras cosas, Crowley vuelve a tocar la antigua teoría de los "dos demonios", habla de una línea de vida que pretende evocar "al demonio bueno" sin caer en las tentaciones que, en cambio, pondrían a merced del otro demonio conduciendo a la ruina y a la condenación, mientras del primero se inspiraría acerca del uso justo de las técnicas mágicas. En forma dramatizada parecería tratarse aquí de nuevo del principio profundo ya postulado por la concepción del ser humano como "una estrella" (o como un "dios"), cuya presencia constituye lo supuesto previamente para hacer frente a las experiencias arriesgadas de esta vida.

Finalmente el tercer principio es: "La ley es el amor, el amor sometido a la voluntad" *(love is the law, lave under will)* entendiéndose por amor, esencialmente, el amor sexual. Esto conduce del dominio doctrinal al de las técnicas, donde se presentan los aspectos de Crowley que son los que pueden alarmar más al profano confiriendo un problemático tinte orgiástico (aunque por esto no se pueda hablar todavía de algo "satánico" en sentido propio).

En la vía anunciada y recorrida por Crowley, el uso del sexo, además del de las drogas, tiene una parte primordial. Sin embargo se debe reconocer que, por lo menos intencionalmente, se trataba del uso "sagrado" y mágico del sexo y de las drogas que también fue contemplado en diversas tradiciones antiguas. El fin, conscientemente perseguido, consiste en obtener experiencias de lo suprasensible y contactos con "entidades". Hasta este momento las cosas se presentan de modo muy diverso de cuanto sucede al margen del mundo contemporáneo a través de la simple salida de evasiones, de sensaciones y de "paraísos artificiales". "Existen drogas, dice Crowley, que abren los umbrales del mundo escondido detrás del velo de la materia"; esta aseveración, a pesar de ser imperfecta porque en sentido estricto no se debería hablar de cualquier tipo de drogas, sino más bien de su uso especialísimo ligado a condiciones precisas y no fácilmente realizables.

Otro tanto vale para el sexo como técnica, por encima de la religión orgiástico, anunciada por el *Liber Legis,* con una referencia que llega hasta el "gran dios Pan". Para Crowley, el acto sexual revestía el significado de un sacramento, de una operación sagrada y mágica; en el abrazo se miraba, al límite, a una especie de "ruptura de nivel"; por él se encontraba "cara a cara con los dioses", es decir, se verificaban aberturas sobre lo suprasensible. Es importante que en este o en otros contextos, Crowley haya hablado de cosas concretas. Aludió a elementos que "para ti son venenos; más aún, venenos mortales" y que es posible "transformar en alimentos"; el resultado mortífero de la vía indicada por él tuvo en algunos de sus discípulos la explicó refiriéndose a "dosis de veneno demasiado altas para poder ser transformadas en alimento". Una vez más, interviene la condición constituida por una personalidad excepcional; se ha dicho, refiriéndose a las drogas, que son un alimento sólo para el "hombre regio". Por lo que toca al *sex magic* (sexo mágico), la técnica mediante el orgasmo y la ebriedad se debía llegar a un estado de agotamiento que llevara hasta el límite extremo "compatible con la posibilidad de seguir viviendo"[101]. También en el campo de las ceremonias evocatorias el "ritual mágico", empleado juntamente con todo el instrumental tradicional de signos, fórmulas, protecciones, talismanes etcétera, tenía el valor de "un sím- bolo y de estar dispuestos siempre a sacrificar todo"[102]. En el ritual secreto de la *Ordo Templi Orientis* de Crowley, llamado *De arte mágica,* en el capítulo XV se habla de una "muerte en el orgasmo" llamada *mors justi* (la muerte del justo)"[103]. El límite extremo del agotamiento y de la ebriedad

---

[101] *The Magic of A. Crowley,* cit., pp. 48, 130-131.
[102] Ibid., p. 215.
[103] Ibid., p. 131.

orgiástico era indicado también como el momento de una posible lucidez mágica, del trance místico alcanzado por el hombre o por la mujer. Así en el libro intitulado *Magic report of the Beast 666* (Reporte mágico de la Bestia 666) se habla de muchachas jóvenes ardientes y desenfrenadas que en un momento dado, "sin que nada lo hubiera preanunciado, pasaban a un estado de calma profunda difícilmente distinguible del trance profético, por el que comenzaban a describir todo lo que veían"[104].

Como es natural, no se puede establecer lo que podía resultar de estas experiencias, ni con qué planos de lo invisible se podía tener contacto. Lo cierto es que según Crowley el injerto de instancias precisas mágicas-iniciáticas es exacto, como son evidentes las referencias a los ritos y a las orientaciones de antiguas tradiciones; del plano de experiencias caóticas, dispersas y aventuradas con el sexo desenfrenado y con las drogas, propio de los ambientes de jóvenes marginados del mundo contemporáneo, se pasa a algo mucho más serio pero, precisamente por esto, mucho más peligroso. Crowley tuvo discípulos, los cuales fueron sometidos a pruebas y disciplinas de todo género (fundó también en 1920 una "abadía mágica" en Sicilia, en Cefalú, antes del advenimiento del fascismo; sin embargo, fue inmediatamente expulsado de Italia por todo lo que se decía acerca de lo que se hacía en esa abadía). Pero los destinos de sus alumnos difieren en cada caso. Todos los que eran muy fuertes para sostenerse, para no desbandarse, decían que habían salido renovados e integrados por estas experiencias hechas con la Grande Bestia 666; sin embargo, se habla igualmente de otras personas, en especial de mujeres, que se separaron y que terminaron en manicomios; e incluso se dieron algunos casos de suicidio. En tal caso Crowley decía que no se

---

[104] Para otras indicaciones sobre la magia sexual, cfr. nuestro libro llamado *Metafísica del sesso,* cit., 384 y sigs. *Metafísica del Sexo*, Omnia Veritas, (con referencias también a Crowey).

había estado en grado de obrar la trasmutación mágica de las fuerzas evocadas con lo cual se había dado vía libre a las dosis de veneno, sido demasiado altas para poder ser transformadas en alimento); por esto, aquellas personas habían sido abatidas. En cuanto al mismo Crowley, él supo sostenerse hasta el fin, terminando su vida a los 72 años de edad en 1947, con todas sus facultades lúcidas y normales. Aparte de sus discípulos, diferentes personalidades, de cierto rango (como por ejemplo el conocido general de los cuerpos acorazados Filler) tuvieron contactos con él, y dado el ambiente general de nuestros días, es natural que su figura continúe ejerciendo un fuerte atractivo y que sus ideas sean citadas frecuentemente.

A pesar de que los horizontes de Crowley parecerán a muchos preocupantes y oscuros, objetivamente, el elemento propiamente "satánico" a pesar de todo lo que la Grande Bestia 666 mostraba casi teatralniente, apenas aparece o lo hace de forma muy secundaria. El colorido satánico no tiene tanto relieve como el que presenta un carácter mágico y, en parte, iniciático.

Por esto, como ya dijimos, las presentes notas sobre Crowley pueden servirnos como un nexo para pasar a la consideración de corrientes modernas en las cuales aquel elemento ocupa unívocamente el primer plano, sin las mezclas antes señaladas.

X

Corrientes iniciáticas y "alta magia"

En el mundo moderno, con excepción del "espiritualismo" de tipo teosofista, antroposófico, neomístico y similares, la tendencia hacia lo sobrenatural ha aparecido en algunas corrientes que tienen un carácter que podríamos llamar *iniciático y mágico*. No han faltado desviaciones en este campo, especialmente cuando se asocia una actitud "ocultista", o sea, el gusto por hablar oscuramente, *ex cathedra y extripode,* con ostentación de misterio y de autoridad, diciendo las cosas a medias para dar a entender que se "sabe", cuando, en la mayoría de los casos, no se sabe nada y se procura solamente crear ante los ingenuos la aureola de "maestros", poseedores de quién sabe cuáles tremendos arcanos. Si se debe admitir que ciertas enseñanzas no deben ser expuestas con imprudencia ante quienes no tienen la capacidad para comprenderlas sino solamente la de desfigurarlas, esta reserva necesaria y sana (la cual por otra parte ya ha sido adoptada por escuelas análogas de los tiempos pasados) está lejos de tener relación con el "ocultista" ya indicado, el cual, desgraciadamente abunda, por ejemplo, en algunos ambientes de hermetistas franceses.

Está bien responder a la objeción; el "secreto" es necesario, dado lo peligroso de algunas enseñanzas que se refieren a la práctica. También se debe decir que en tales casos existe casi siempre una "autoprotección", en el sentido de que quien no tiene una cierta calificación no hará absolutamente nada con tales prácticas, mientras que, quien la tenga y se encamine rectamente, estará ya en posición de afrontar peligros casuales.

El acto de unir las tendencias mágicas con las iniciáticas, en la exposición compendiada que sigue, podrá parecer arbitrario si no precisamos un concepto especial de lo "mágico".

La "magia" puede revestir dos aspectos. Existe una magia que es una ciencia experimental operativo *sui generis*, y existe otra, la "alta magia", entendida como una actitud especial hacia lo interno del dominio iniciático.

Ya hemos hecho mención anteriormente a la magia tomada en el primer sentido. Se trata del arte de activar y dirigir conscientemente ciertas energías sutiles, hacia el lugar y el campo de acción a quienes pertenece el dominio que se encuentra detrás de la "forma", ya sea en el campo psíquico o en el de la realidad exterior regida por las leyes de la naturaleza. Esta magia, si es auténtica, lleva más allá de la mediumnidad y de la "metasíquica" moderna; es un forzar las puertas de lo invisible conociendo, sin embargo, sus leyes y el modo de atraer o rechazar, de escoger, de producir causas y efectos en los dos dominios ya señalados -el interior y el exterior-, de lo que está detrás de la forma. En la antigüedad y aún hoy en día en áreas donde subsisten tradiciones y disposiciones correspondientes, la magia es practicada en este sentido restringido, y se llega hasta darle el título de una "profesión" (no podemos detenernos aquí para indicar en qué cosa consiste, en términos objetivos y no moralistas, la diferencia entre magia blanca y negra o de las brujas).

Estará bien advertir que el papel de la magia y de las supersticiones populares entre poblaciones exóticas y primitivas no debe inducirnos a dictar juicios unilaterales. De hecho, cada rito que no pretenda mostrarse como una mera ceremonia simbólica, tiene una parte "mágica". Así ya nos heremos referido que sin los contenidos de la magia la misma doctrina ritual sacramental católica aparecería vacía y desprovista de base. Pero al ocuparnos de tal doctrina hemos indicado también por qué motivo un rito opera mágicamente; esta causa está presente también en aquellos ambientes modernos que se han dedicado a cultivar la magia llamada "ceremonial", es decir, la magia en la que una parte esencial está constituida por fórmulas, signos, estructuras evocatorias, etcétera. Así pues, decíamos que de la misma forma que un motor no funciona si no se le aplica una fuerza motriz, igualmente todo el aparato mágico no opera por sí mismo, sino que requiere de una capacidad y de un poder real del operador, que tenga en propiedad o que se le haya transmitido. La magia no se improvisa compendiándola extemporáneamente sólo con consultar antiguos rituales encontrados en los libros o en las bibliotecas.

En cuanto al segundo sentido de la magia, ya hemos dicho que se define esencialmente con una actitud del espíritu. Expresa una forma de integración por encima de la personalidad en la que el elemento viril y activo ocupa el primer lugar, por lo que, en el fondo, en ella sólo se subraya particularmente aquello por lo cual, en general, la realización iniciática se opone a cualquier forma estática, panteísta y vagamente espiritualista, donde el "yo" que obstruye el acceso a fuerzas más profundas del ser no provoca una trascendencia descendente sino ascendente. Existe una relación entre la magia entendida en este sentido y la tradición y la iniciación real, al igual que distintos tipos de iniciación sacerdotal. Por lo tanto esta "alta magia" intenta recuperar la disciplina que ha tenido el nombre de *Ars Regia* (arte regio) en la tradición iniciática occidental; y tiene también cierta relación con la *teúrgia* (obra de Dios) antigua y con aquella magia que en los siglos anteriores fue entendida específicamente como "magia divina" en oposición a la magia "natural" y "celeste".

Esto como orientación general. La magia debe liberarse de las varias ideas preconcebidas, del aspecto "ocultista" y, finalmente, del milagroso y supersticioso, de la asociación con logias y personajes tenebrosos sacados de las novelas y trasladada a estos significados esenciales.

Nos quedan por examinar ciertas enseñanzas de carácter mágico-iniciático, las cuales en la época moderna han sido formuladas por algunos personajes. Ya hemos hecho mención al componente "mágico" presente, a pesar de todo, en las ideas y en las prácticas de Aleister Crowley, consideraremos ahora las apreciaciones de Georgi Ivanovich Gurdjeff, Giuliano Kremmerz (seudónimo de Ciro Formisano) y lo que puede desprenderse de los escritos de Gustav Meyrink, recogiendo además algunos elementos de un autor del siglo pasado, Eliphas Uvi, en el que, sin embargo, lo que es válido y que puede interesarnos está mezclado con no pocas escorias "ocultistas"[105].

Procediendo gradualmente, hablaremos ante todo de Gurdjeff. Este, forma parte de una galería de personajes más bien enigmáticos que han aparecido en los últimos tiempos; originario de las provincias rusas del Cáucaso, Gurdjeff hizo su primera aparición en Petrogrado en el año de 1913, habiendo estado anteriormente en relación, por lo que parece, con maestros orientales depositarios de una antigua sabiduría de iniciática. Más tarde desplegó su actividad en países occidentales transmitiendo sus enseñanzas a discípulos, creando su centro en el castillo de Prieuré cerca de París y estableciendo "grupos de trabajo", extendidos también a otras naciones. Murió en el año de 1949.

De las enseñanzas de Gurdjeff no se conoce más que por vía indirecta y casi con exclusividad a través de dos libros de P. D.

---

[105] Las obras principales de Kremmerz, en un principio no estaban en venta. Entre ellas se pueden citar *Arriamento alla Scienza dei Magi* (Milán, 1938, reimpresión); *La Porta* Ermetica (Roma, 1928), e *Y Dialoghi sull" Ermetismo* (Espoleto, 1929). Entre las de Eliphas Levi se encuentran las siguientes, que son conocidísimas y traducidas al italiano: *Il Rituale e ii Dogma dell'Alta Magia y La Chiave dei Grandi Misteri* (ed. Atanor, Todi). Pertenecen a Meyrink las novelas siguientes: *Il Golem, La faccia verde, La notte* di Valpurga, Il Domenicano Bianco (los dos últimos han sido publicados en italiano por las ediciones Bocca). De todas estas obras extraeremos los principales elementos que siguen.

Ouspensky, quien había sido su discípulo[106]. Su único libro voluminoso publicado en inglés en el año de 1950, intitulado *All and Everything,* no es otra cosa que un conjunto de divagaciones, frecuentemente novelescas; una aglomeración confusa de la que es muy difícil extraer algún elemento válido (esto no impidió a un americano pagar una fuerte suma de dinero para poder examinar una parte del correspondiente manuscrito).

Como sucede en el caso de otras personalidades, no podemos rechazar la obra del personaje por lo que ha escrito; lo importante es lo que ha comunicado directamente y la influencia ejercida para constituir lo esencial.

La enseñanza de Gurdjeff no se refiere tanto a los contactos con lo suprasensible como a un posible desarrollo interior del ser humano. Hay una reminiscencia aquí de la teoría budista del *anâtmâ,* o sea, de la negación de un yo verdadero y sustancial en el hombre común. Gurdjeff enseñaba precisamente que el hombre no es más que una "máquina", un conjunto de automatismos, y que el primer paso es darse cuenta de ello. Todo lo que el hombre hace, sus pensamientos, sus sentimientos, sus hábitos, son el efecto de influencias y de impresiones externas. La existencia entera transcurre en una especie de "sueño antes de despertar". La pasividad es la nota constante, a pesar de toda apariencia. No se alcanza un estado consciente si se persiste en la identificación con las experiencias que se tengan y el sujeto se pierde en ellas. Así resulta continuamente "vampirizado", dice Gurdjeff: "por el paisaje que contemplo, el cigarro que fumo, el placer que me proporciona una mujer y el mismo sufrimiento, por las actitudes de las que me complazco" y así por el estilo. No existe ningún verdadero ser detrás de todo esto. De manera que

---

[106] P. D. OUSPENSKY, *Fragments d'un enseignement inconnu* 2a. ed., París, 1961: *L'évolution possible de l'homme,* París. Se puede ver también L. PAUWELS, *Monsieur Gurdjeff,* Documents, Temoignages Textes et commentaires sur une societé initiatique contemporaine, París 1934.

"yo no existo"; en el sentido más amplio de la palabra, es lo que el discípulo de Gurdjeff debía comenzar por reconocer no sólo teóricamente, sino también en un experiencia directa y personal. Más allá de esto, el camino indicado era el de "liberarse de las identificaciones" y de la "añoranza", del recuerdo de sí mismo, como nueva dimensión que se debe incluir en el curso y en las contingencias de toda la propia existencia. Aquí hay, de igual modo, una reminiscencia budista, en cuanto a que la ascética budista el término *sattipatthâna* indica precisamente la constante presencia activa y lúcida de sí, a sí mismo. Y si el budismo habla del "despertar", evidentemente esta expresión indica la condición opuesta a la del "sueño antes de despertar", asociado por Gurdjeff a la existencia de aquellos que, según él, no son hombres sino sólo esbozos pues "el hombre verdadero es el que se despierta".

La enseñanza de Gurdjeff nos lleva a dar un paso más adelante cuando considera la dualidad entre "persona" y "esencia". En cada individuo la persona corresponde al ser efímero que se determina en relación con el mundo externo y con el ambiente, con lo que ha aprendido y se ha construido, a aquello que se puede llamar su máscara y que según Gurdjeff es una mentira. La "esencia" es, en cambio, lo que le sería verdaderamente propio, la dimensión de su ser en profundidad. En general hay discontinuidad entre los dos principios, al señalar que pueden existir hombres cuya persona está muy desarrollada y cultivada, mientras su "esencia" está atrofiada, pudiendo sofocar y pervertir incluso la "esencia". Gurdjeff decía que conocía los procedimientos de un arte antiguo y secreto, del cual la hipnosis difundida en Occidente no representaría sino un fragmento, para producir experimentalmente la separación momentánea de la "persona" de la "esencia" en un determinado individuo, a tal punto de dejar aparecer los estados de ambas. Y afirmaba que existen hombres en los que su esencia está muerta y que él podía descubrir a los seres que, vivos en la esencia, estaban, en tal sentido, ya muertos. Se puede entender que Gurdjeff al exigir de sus discípulos que todo aquello no fuera simplemente pensado sino *realizado,* había podido provocar crisis muy graves, con éxitos desastrosos. A esto había que agregar que las maneras de Gurdjeff y su lenguaje eran a menudo brutales, pues no se abstenía del insulto y de pronunciar juicios destructivos (la intención o la excusa provocaban en tal modo las reacciones indicativas). Reconocía que constatar con terror este "no ser" podía hacer perder la razón y que para poder afrontar impunemente tal visión se requeriría estar ya inmerso, en cierto modo, en la "vía".

Por lo tanto la transferencia del centro del propio ser de la "persona" a la "esencia" y el desarrollo de la "esencia" parecen ser la llave para la realización preconizada por Gurdjieff. Para él, ésta era también la condición para sobrevivir y vencer a la muerte. Volvemos a encontrar así a la "inmortalidad condicionada" de la que hemos ya hablado y la que veremos profesada igualmente por otros autores, cuyas enseñanzas expondremos más adelante. Algunas veces, Gurdjieff hablaba de una especie de cuerpo astral, no en el sentido teosófico, cuerpo no existente, pero susceptible de crearse con una elaboración casi propia de la alquimia, de fusión, unificación y cristalización de los elementos del propio ser, los cuales igualmente en la existencia común se unen, se separan, se vuelven a asociar mediante varias combinaciones frágiles como partículas desprendidas encerradas en un recipiente sujeto a continuas sacudidas, sin formar algo permanente. El desarrollo de este ente, muy semejante al de una germinación sobre el suelo de la "esencia", sería la condición para no morir muriendo. Pero, para Gurdjeff, no es necesario hacerse ilusiones, pues "son muy pocos los inmortales".

Acerca de las prácticas concretas propuestas caso por caso por Gurdjeff no se sabe gran cosa. Como condición general, consideraba un deseo ardiente de liberación a tal punto de estar dispuesto a sacrificarlo todo y a arriesgarlo todo. "Es necesario un sacrificio; si nada se sacrifica, no se puede obtener nada" (en particular, se trataría de renunciar a las "identificaciones", principal obstáculo para el "recuerdo de sí mismo"). La lucha y el trabajo interior pueden ser "terriblemente duros"; pueden intervenir hasta estados en los cuales se ha llegado a poner fin a la propia existencia (esto ya lo señalamos hace poco). Y se ha subrayado que solamente cuentan los esfuerzos más allá de lo normal, pero se duda que puedan tener una continuidad sin el control de parte de otra persona "que no tenga piedad y que posea un método". Verosímilmente, esto remite a los llamados "grupos de trabajo" y a la vigilancia y obra de quien imparte la enseñanza.

Hay que resaltar que de la misma forma que en Gurdjieff parece excluirse el interés por una fenomenología extranormal, de la misma manera el trabajo hacia una orientación visiblemente iniciática considerado por él no conduce hacia una absoluta y exclusiva trascendencia. De este modo ha podido hablar también de "un desarrollo armonioso del hombre" y de un trabajo de integración personal, en el cual entraría en cuestión la coordinación de tres "centros" fundamentales del individuo: el centro intelectual, el centro emotivo y el motriz, cambiando los automatismos establecidos en el propio ser. Para este fin específico y no trascendente Gurdjieff usaba también ejercicios que revestían el carácter de una especie de "pantomima sagrada" y que tenían un significado oculto que escapa al profano (Gurdjeff afirmaba que se trataba de tradiciones muy antiguas de Oriente). En su escuela, cada movimiento era rigurosamente definido y debía de llevarse hasta el límite de las propias fuerzas. En cuanto a la música de base, alguien ha tenido la impresión, más bien profana, de una clase de "jazz muy exagerado". De cualquier modo, un momento fundamental era inmovilizarse en la posición en la cual se encontraba, a un "stop" (alto) pronunciado por el maestro. Seguramente se trataba de tomar y de fijar un cierto estado interior.

Estas sumarias indicaciones sobre las enseñanzas de Gurdjeff son suficientes por ahora. De la misma manera que Crowley, Gurdjeff tuvo contactos con varias personalidades de alta alcurnia. A pesar de la falta de exposiciones directas, sistemáticas y precisas (como ya se ha dicho, nos hemos concretado casi exclusivamente a lo que ha referido Ouspensky, las doctrinas que comprenden, por otro lado, concepciones cosmológicas y de "ciencia natural secreta", así como la extraña teoría de múltiples "hidrógenos", los cuales presentan un carácter un tanto confuso), todavía se habla de él y, como suele suceder en casos semejantes, no ha faltado una cierta apariencia de mito en este personaje misterioso.

* * *

Pasando a los otros autores ya indicados, tales como Meyrink, Kremmerz y Eliphas Levi en lo que respecta al método, se confirman los principios de un realismo y de un experimentalismo al afrontar el problema "espiritual".

"No creáis -dice Kremmerz-, alejáos del misticismo y del acto de fe. Mejor saber, que no saber qué creer." Y añade: "El espiritualismo es poesía, el nuestro un método experimental puro". Su criterio: "La cosa es o no es." Meyrink se expresa en términos similares: "Ellos *creen* en un bien y en un mal; nosotros *sabemos* que el bien y el mal no existen y que sólo existe lo verdadero y lo falso". Después enseña que no se trata de "éxtasis" sino de "un esclarecimiento del espíritu, de un caminar hacia la luz hasta la visión".

En la base de la doctrina está la relación entre integración mágica y conquista de la inmortalidad. La premisa es la misma que la del positivismo (Kremmerz) y de esta doctrina se derivan los argumentos que convencen de la imposibilidad de la supervivencia de toda conciencia personal. Los autores admiten que partes o elementos fundamentales del compuesto humano sobreviven e incluso se "reencarnan" en el sentido ya explicado por nosotros. Pero planteando el problema no por lo que es impersonal y derivado, sino más bien por el alma como personalidad verdadera y propia, pensar que por ella la muerte, como dice Kremmerz, pueda efectivamente ser "expirar", es decir, reintegrar el espíritu a una masa homogénea en la que está destinado a disolverse casi como aire en el aire. El hecho es que, como para Gurdjeff, para ellos tampoco existe, de verdad, siquiera una tal personalidad de vivos por la gran muchedumbre de los hombres, pues éstos como vivos ya están muertos. El análisis "mágico" de la naturaleza humana se ha anticipado y superado en mucho al sicoanálisis, guiando a horizontes mucho más vastos. El resultado de tal análisis es que cuando se habla vulgarmente de personalidad, en realidad no se alude a otra cosa que al *individuo histórico* (Kremmerz), a un conjunto de tendencias, impresiones, recuerdos, hábitos y así sucesivamente, cuya mayor parte no pertenece ni a nuestra conciencia ni a nuestra responsabilidad. Haciendo resaltar una vez más los componentes de un individuo así, se llega en parte hasta la vida uterina (subconsciente individual en sentido propio), pero en parte se desemboca en lo colectivo con enlaces, además, de residuos de simpatías y de hábitos tratados por otros y de otros modos de existencia. Meyrink habla de una especie de "roca coralífera", que nuestro cuerpo es obra de hábitos transmitidos por el instinto para periodos enteros y de "pensamientos" que están detrás de nuestros mismos pensamientos. De cualquier modo, se reconoce, pues, un estado de hecho, dado el cual al hablar de "personalidad" no se trata más que de un espejismo y de un fantasma, cuando mucho el ideal de un fin que se evoca: de lo que Meyrink trae la consecuencia lógica de que en vano se buscarían en el más allá las "almas" de los muertos y que si "los espiritistas supieran quiénes son realmente los que obedecen a sus llamados, tal vez morirían de miedo". Eliphas Levi, por su parte, habla de una especie de corriente abismal, conducida por un impulso ciego y eterno, a la que vuelven las almas y de la que surgen de nuevo y así no tienen término hasta que se produzca la suprema forma del *hombre despierto, del mago*. Son ideas como cada quien puede ver, que remiten a cuanto ya dijimos al hablar de la vida como "ansia" y *appetitus innatus,* de la doctrina de los ciclo-, y de otras nociones afines a la enseñanza tradicional.

Estas premisas pueden parecer de un puro materialismo.

Pero precisamente un materialismo es necesario como premisa si se quiere entender de modo adecuado una empresa "sobrenatural", tal y como se lo propone la magia. *¿Qué cosa se es -qué cosa se puede ser- más allá del individuo histórico?* Tal es el problema. El problema "del más allá" existe ya en esta tierra. "Aquellos que no aprenden a verlo aquí, ciertamente que no lo aprenderán allá." (Meyrink) Inmortalidad es despertar, despertar es "crecimiento interior más allá de los umbrales de la muerte", es decir, en estados independientes de las impresiones exteriores y de la múltiple herencia interior. Los "despiertos" son los "vivientes", los únicos, ya sea en éste que en otros mundos que no sean de los fantasmas. Meyrink dice que: "En el más allá no hay nadie de los que han partido, ciegos, de la tierra". El carácter "mágico" de opiniones semejantes descansan en el hecho de que más allá del individuo histórico no se pone, como es costumbre, lo universal, el Todo, "Dios", sino que en cambio, está el lugar propio de la realización de la personalidad verdadera. El orden de las ideas no es diferente de aquel que ya fue señalado por nosotros al hablar de Gurdjeff. La disciplina mágica se entiende con el fin de liberar de la materia inútil del colectivo, a un principio personal independiente, y de darle una forma. Este concepto de la *forma espiritual* es el punto fundamental para el problema esotérico de la inmortalidad. Kremmerz dice que el iniciado, en la muerte, en lugar de un "espíritu" informe lanza fuera un espíritu en el cual, por así decirlo, ha esculpido otro yo, un hombre inmaterial, eterno e indestructible, dotado de poderes determinados que constituyen la integración de aquellos que hacen apariciones germinales en el hombre mortal. El mismo autor destaca que los espiritistas, divagando, "piensan que este milagro se realiza naturalmente, que todos los hombres al morir surgen a una nueva vida con este cuerpo más sutil, que los filósofos herméticos y los magos en su filosofía entrevén como creable sólo de un modo excepcional". E. Meyrink añade: Inmortal, de verdad, es el hombre completamente despierto. Los astros y los dioses se van; sólo él permanece y puede hacer todo lo que quiere. Por encima de él no existe ningún dios. Aquel a quien el hombre religioso llama dios no es otra cosa que un estado. Esta misma existencia no es más que un estado. Su incurable ceguedad lo detiene delante de una barrera que él no se atreve a derribar. Se crea una imagen para adorarla, antes que transformarse en ella."

La ascética mágica consiste en un despojarse progresiva y activamente de los elementos y de los agregados del yo histórico, "de suerte que todo desprendimiento sea válido como una formación interior, como un crecimiento más arriba del suelo de aquel yo." El primer paso a dar sería aquel que Kremmerz llama la "neutralidad consciente": un estado de conciencia serena, intacta, equilibrada, inaccesible a las reacciones instintivas, al bien y al mal, separada de las sensaciones y de las inclinaciones y dispuestas a juzgarlas sin ningún interés, tales y cuales son y no como se presentan filtradas por preocupaciones, por afectos, por hábitos y recuerdos, en fin, por toda la herencia ancestral y orgánica. Eliphas Levi, de un modo análogo, hablaba de la necesidad de aislarse de las corrientes del "alma de la tierra y acentuaba la parte de las "pruebas", de decir, de la resistencia a las tendencias que nos llevan a manifestaciones de las mismas fuerzas elementales de las cosa-, (son las pruebas de los cuatro elementos, conocidas también en los misterios clásicos), de emanciparse interiormente de cualquier necesidad, de ejercitarse para usar de todo y abstenerse de todo por propia voluntad, ya que él, decía, la tarea y la llave de todo poder están en la formación de un "agente extranatural". En esencia, son las mismas normas que se vuelven a encontrar en toda tradición ascético-iniciática y que particularmente en los textos del budismo sobre los orígenes han sido dadas en forma purificada y metódica, exenta de toda anticipación del fin y de toda justificación moralista o religiosa. Aquí sólo nos interesa realzar la relación entre los grados de este desprendimiento y los de una regresión activa, es decir, de una eliminación de estratos síquicos sucesivos hasta desembarazarse absolutamente de todo y dejar limpia la conciencia de cualquier escoria humana. Una vez que se ha alcanzado el umbral de la vida preconcepcional y preuterina, atravesándolo, se ha liberado del vínculo de la individualidad humana: es la "visión", el "despertar" lo que en las tradiciones griegas se llamaba el "recuerdo". A partir de este punto el centro de gravedad del ser cae dentro de otra esfera, donde a la manera de un sol relucirá el núcleo incorruptible de la personalidad en sentido absoluto, o superpersonalidad. Aquí se puede poner en acto otra forma, procedente de la corpórea, la cual no pertenece más a la naturaleza sobre la base de la trans- formación que en ciertas circunstancias el "despertar" puede inducir en las fuerzas de la naturaleza agentes en el cuerpo.

Entonces, a manera de aplicación, pueden determinarse las posibilidades mágicas en sentido estricto. Meyrink habla del "dominio mágico del pensamiento". A decir verdad, más que del pensamiento se trata de lo que a la conciencia renovada aparece como la fuente secreta de él. Se parte de la idea de que el cerebro no es un generador del pensamiento, sino sólo un aparato receptor más o menos sensible a influencias, las que, transformándose en él, toman apariencia de pensamientos. Con la percepción directa de estas influencias se obtiene la integración del pensamiento común mediante una "palabra interior" y en visión de imágenes "divinas"[107]. Sobre el primer punto Meyrink escribe: "Así como el hombre común piensa susurrando inconscientemente palabras a su cerebro, así también el hombre espiritualmente renacido habla un lenguaje misterioso de palabras nuevas que nos dan entrada a conjeturas y errores. Y su pensamiento es del todo nuevo, es un instrumento mágico y no ya un miserable medio de expresión, y lleva al conocimiento no ya por medio de conceptos, sino simplemente mirando las cosas." Y Kremmerz dice: "Coelum viene de la palabra *coelare*, que significa esconder, ocultar como con un velo. Todos los dioses están en el «cielo», en aquel punto del horizonte en el cual

---

[107] Sin embargo, no Siempre "divinas". En la novela de MEYRINK, *La notte di Valpurga*, hay páginas muy sugestivas en lo referente a las formas de invasión que se realizan, especialmente en el pensamiento movido por pasión, sin que el hombre común se dé cuenta de ello.

callan nuestros recuerdos y comienza la mina sorprendente de lo desconocido de hoy que fue antes nuestra vida y nuestro respiro." Liberar la conciencia de los sedimentos del yo histórico es poner al desnudo las fuerzas profundas y ocultas *(coelum)* que obran en el inconsciente orgánico humano pero al mismo tiempo en la naturaleza: los "dioses". Ahora ya sin transformarse en "pensamientos" del cerebro, se liberan y aparecen en grandiosas figuras divinas. A ello le sigue una interpretación de las antiguas mitologías tradicionales en los términos, por así decirlo, de una metafísica experimental: "Añadido el estudio de la mitología, en su esencia, como parte que contiene la iniciación, a los poderes de nuestro organismo, busca una ciencia extraña con la posibilidad de poner al descubierto un arcano integrativo" (Kremmerz)[108]. Si con ello se quiere referir a la magia operativo, sobre este plano su esencia consiste en incluir una determinada "dirección de eficacia", decretada por la personalidad integrada a estas energías que se atraviesan; energías que en determinadas circunstancias pueden también dramatizarse en apariciones distintas, como en sus símbolos plásticos o encarnaciones momentáneas. Pero, por vía directa o indirecta, se da siempre el "contacto" de estas fuerzas subterráneas con los principios interiores del adepto: ya que este contacto infunde en ellas una cualidad de libertad que les permite manifestarse de modo diferente del obligado vinculado a su naturaleza, modo por el cual el mundo tiene la apariencia de una realidad regida por leyes físicas, invariables y automáticas.

Aquí se puede hacer una aclaración crítica sobre la magia *ceremonial,* tanto más cuanto que ella tuvo una parte relevante

---

[108] Análogamente, Meyrink, volviendo a tomar antiguas ideas, tales como la de Sebastián Franck, escribe: "Nosotros vemos en la Biblia no sólo la crónica de acontecimientos de tiempos remotos, sino también un largo camino que va desde Adán hasta Cristo, y es éste el camino que nos proponemos pisar de nuevo dentro de nosotros de nombre a nombre, con la virtud mágica de cada nombre, desde la expulsión a la resurrección".

en la escuela de Kremmerz. La escuela de Kremmerz, la Myriam, había sido construida en efecto como una verdadera y propia unidad mágica, organizada por ritos, con contraseñas y símbolos; por grados de iniciación y por ceremoniales. Se debe excluir el hecho de que todo ello haya sido creado *ex novo* (originalmente) por Kremmerz: se trata más bien del florecimiento de un venero, de una preexistente tradición cuyo origen no es fácil encontrar. Esta unidad pretendía establecer en una comunidad una fuerza mágica con el fin de que, por medio del rito, produjera efectos de iluminación, o también terapéuticos en los adeptos o por los adeptos, de acuerdo con lo que ya se ha señalando al hablar de la Iglesia católica v de sus ritos. Pero, respecto a esto, es necesario hacer algunas consideraciones. Por medio del rito mágico puede operarse fragmentariamente y, por decirlo así, experimentalmente, aquella separación del yo de los agregados del individuo histórico, que conduce a la visión; pueden además producirse otros efectos, por ejemplo, evocaciones de entes y de "divinidades" para fines de conocimiento o bien para la imposición de determinadas metas, y así sucesivamente. Aquí es necesario tener bien presentes dos puntos.

Todo efecto tiene su causa. Así pues, cuando no es por vía directa, es decir, por medio de la personalidad integrada, sino por vía de un rito que llega a conseguir un determinado efecto, está implícita la evocación y el empleo de algo que sea la causa, el rito que viene a establecer una relación del hombre con esta fuerza, la cual a quien sigue la vía de la "magia ceremonial" aparece como distinta de las propias. Se crea lo que antiguamente se llamaba un "pacto" v para el cual es válido el dicho de Goethe: "De los espíritus que tú evoques nunca más te liberarás." Así pues, en la personalidad se injerta una energía extraña a su "forma".

Este procedimiento puede ser consciente y deseado: la dependencia voluntaria a una "tradición", en la que se reconoce el principio de la propia luz y del propio poder, en términos mágicos, corresponde precisamente a tal caso. En la magia evocatoria ceremonial en sentido amplio, la relación no consiste sólo de fuerzas determinadas por una colectividad, o condensadas en una colectividad; pero el principio es lo mismo.

¿Qué es lo que se puede pensar en propósito? Es evidente que se trata de una vía que no está exenta de aspectos negativos. Desde el punto de vista metafísico la evocación mágica no es más que un modo indirecto para hacer emerger en la conciencia, en formas que revisten una apariencia ilusoria de individualidad, poderes impersonales, los cuales, en último análisis, existen en los estratos más profundos del ser. En cada "aparición" el proceso es aquel mismo por el cual en el sueño una tendencia o una idea latente puede manifestarse en una imagen simbólica que le corresponda. De esta manera, cuando el evocador cree que las apariciones son reales, y toda la situación ceremonial las hace aparecer como tales, hace, por decirlo así, un mito de sí mismo y se divide, poniendo una barrera entre una y otra parte de sí mismo: la misma barrera, en el fondo, que limita su conciencia de vigilia y la opone a otra parte oculta de la subconciencia. La disminución que se deriva del punto de vista de la acción Meyrink la expresa así: "Desventurados aquellos que invocan un ídolo y son escuchados. Pierden su propia conciencia, porque no pueden creer ya que serán escuchados por sí mismos" En su novela intitulada *El ángel de la ventana de Occidente,* el motivo principal es la trágica odisea vivida por quien se había hecho precisamente esa ilusión.

Ésta es la limitación de la magia ceremonial. En la personalidad metafísicamente integrada quien manda y quien obedece están en un mismo sujeto: allá ellos están en cambio, en dos sujetos separados y se cree tener frente a sí otro ser, "dios" o "demonio'. Una tal distinción, semejante a la de la fe y del amor sobre bases teístas, ofrece ciertamente una ventaja: pre- serva el sentido de la personalidad propia, que en estas formas operativas ceremoniales continúa estando apoyada al cuerpo, pero tiene la desventaja de limitarla. Hemos ya tenido ocasión de mencionar una serie de experiencias y pruebas que, en ciertos casos, se presentan *post mortem* (después de la muerte). Y bien, según la enseñanza tibetana, en estas pruebas la conciencia no experimentaría otra cosa que ella misma, todo su real contenido, y sería sólo llamada a reconocerse en las varias apariciones que, por decirlo así, le presentan tantos mitos de su naturaleza trascendental. Aquí lo que ella cree ser, la diversa relación de distancia que ha establecido con los objetos de su culto, tiene una parte fundamental, obra como una fuerza activa que confirma y destruye la separación, aleja y aproxima respecto a la integración total, a la "grande liberación". Para quien la fe pone sobre la vía de la magia movido por una aspiración espiritual y no por fines materiales, se debe decir la misma cosa: dado que la vía de despertar es la misma para vivos y muertos, las experiencias del *post mortem* (después de la muerte) son homologables con las que el iniciado encuentra en el curso de sus pruebas. Pero el hábito adquirido con acciones rituales evocadoras crea precisamente una barrera espiritual: la integración de todos los poderes en un único centro queda prejuzgada y se procede a lo largo de las fronteras de regiones, donde la ilusión y la obsesión no están excluidas.

Puesto en claro este peligro, se puede mencionar otro, de naturaleza opuesta, ofrecido por las *identificaciones*. Abolida la ilusión de la apariencia como individualidades reales que las fuerzas profundas pueden revestir, tomadas directamente estas fuerzas en su aspecto "sin forma" ocurre tener presente su incierta naturaleza. Muchas veces en la magia ceremonial, en particular la de los tiempos pasados, se habla de "elementales" y de otras entidades o fuerzas que, aunque no presentan necesariamente un carácter "demoniaco", pertenecen a un mundo inferior a aquel que, en vía de principio, debería caracterizar el nivel del verdadero hombre más bien que tener un carácter trascendente. Se habla también de su esfuerzo por encarnarse. Eso, por otra parte, es una enseñanza budista que toca a los "dioses", concebidos en esta doctrina, igualmente sin un carácter sobrenatural. Pero Eliphas Levi llega a decir que los "ángeles aspiran a hacerse hombres, y un hombre perfecto, un hombre dios está por encima de todos los ángeles". Y Kremmerz dice: "Hay una multitud grandiosa de espíritus con deseo de inmortalidad; y tú eres uno de ellos, por fatales condiciones de la vía, más aún por contacto, porque todos son elementales del fuego, tienen sed y tú tienes el agua para quitársela."

Así, las cualidades de un ser integrado en lo invisible actuarían como un magneto y un condensador. Eliphas Levi habla aguas remolineando alrededor de una pilastra inmóvil y firme, en torno al mago[109]. Y se trata de tener suficiente fuerza para no ser arrojados fuera, para no convertirse en el instrumento para la encarnación deseada de estas energías que circundan al adepto o que desembocan de su cuerpo que se ha vuelto superconsciente. Se trata de llegar a vencer y trasmutar radicalmente su modo de ser. Es entonces cuando estas fuerzas pueden componer, por así decirlo, órganos y miembros del hombre incorruptible. Se unen de modo íntimo con el núcleo del alma renovada, la cual, donde sea necesario, puede disponer así cómo empleaba y todavía emplea los órganos y los miembros físicos: para actuar directamente o bajo el ropaje de fenómenos en apariencia normales, o bien para crear aquellos "signos", saturados de un poder iluminador del que ya se ha hecho mención al hablar de los "milagros nobles". Por otra parte, en todo esto no se trata más que de aplicaciones, y quien sólo piensa en ellas está destinado a dejar escapar lo esencial; sin embargo, es también la justa vía que puede conducir a realizarlas. En la enseñanza tradicional, como en las escuelas en palabras, que lo han vuelto a tomar, la búsqueda de los "poderes" ha sido considerada en sí misma como una desviación y un gran peligro.

---

[109] Es por esto que, según algunos, acercarse a un centro mágico sería peligroso y que los maestros de la alta magia habrían practicado muchas veces un riguroso aislamiento. Esto se refiere a las influencias que han quedado libres, parte de las cuales se podrían comparar a aquella de los productos radiactivos sujetos, que se liberan junto a los lugares donde se produce la disgregación artificial de los números atómicos.

Se ha dicho al principio que la magia como actitud espiritual, llamada "alta magia" o teúrgia (obras de dios), es distinta de la magia como arte de los poderes y de los "fenómenos".

En el mago, en el tipo más elevado del mago, se debe ver esencialmente a un ser que se ha separado de los dos vínculos, o sea del humano y del divino, y que, cualquiera que sea el aspecto que tome al exterior, con sus fuerzas y con su "forma" reside efectiva y establemente en una región, la cual está más allá tanto de este como del otro "mundo". Por hipótesis, el profano no puede penetrar los modos, los objetivos y la vía de un ser así.

* * *

Quienes exponen doctrinas del género, no muestran más que las enseñanzas, precisamente, de una sabiduría que, como veta secreta, la "cadena del despertar" la llama Meyrink, corre entre los periodos de la historia, llevándonos a tiempos remotos. Y a ella en el fondo se liga la suprema de las diversas interpretaciones, sin excluirse mutuamente ni contradecirse, sino por jerarquías, de entre las cuales cada materia de la verdadera espiritualidad tradicional es susceptible, sin atención al tiempo y al lugar. Es el aspecto viril de la "tradición primordial" de la que ya se ha hablado.

Actualmente casi no hay evocación y evasión que no haya encontrado espacio en el caos de la desenfrenada "espiritualidad" occidental, y ha sido tal vez necesario que algunas partes de esta enseñanza se publicaran casi íntegramente. Decimos "casi": porque ¿su aparición al lado de tantas extravagancias no es quizá lo mejor para confundir a quien no vea claramente las cosas? Con este propósito y a título de conclusión de estas consideraciones críticas, son oportunas algunas palabras claras.

Lo que ha sido el alma y el eje de cualquier grande civilización pasada no pueden ser destruidos por algunos siglos de superstición moderna. *Pues de otro modo, al que, como un dato de le o como un mero dogma, existe una realidad sobrenatural existe un "reino de los cielos" como también las posibilidades liminales de trasmutar en él la personalidad humana caduca en la de un semidiós participante de la inmortalidad olímpica.* Pero, para expresarse con símbolos tradicionales cuyo sentido esperamos resulten ya claros al lector, después de la "caída" el camino para llegar a tal región está interceptado por un ángel con una espada de fuego y no es propio de todos, aunque no por ninguno, convertirse en un vencedor de ángeles y hacer uso impunemente de aquella violencia que, también según la palabra evangélica, el reino de los cielos puede sufrir.

El camino para la "alta magia" ha sido siempre la vía de muy pocos. Pero, en nuestros días, la mentalidad, la educación, la herencia, las circunstancias externas y las preocupaciones internas, todo el modo de sentir y de obrar, de ver y de desear, constituyen como en ninguna otra época una condición desfavorable respecto a ésta que, ya en tiempos mejores, constituía una realización de excepción. No es necesario hacerse ilusiones: la "potencia" por la que es fácil cambiar el ideal teúrgico parece ser la palabra de moda, el "mito" que es propio de este siglo. En realidad no es así. Se da una diferencia de plano, irreductible. *La verdadera magia, en el sentido de alta magia o teurgia, es un valor sobrenatural. La aspiración moderna al poder es, en cambio, en todo y para todo, naturalista y profana.* Ella es un fenómeno "luciférino", ahí se manifiesta el *hybris del* hombre prevaricador, el cual, sin dejar de ser hombre, es decir criatura terrena y animal, vuelve a hacerse siervo de las fuerzas del mundo, de las cuales, sin embargo, no deja de estar constituido y condicionado.

Es así como los caracteres por los que, el hombre moderno parecería casi reflejarse y anticiparse al ideal mágico (tanto que recientemente se ha podido escribir sobre un *Matin des Magiciens)* en realidad constituyen el más duro obstáculo para toda realización de él. Si en Norteamérica, "principio de un nuevo mundo", como el filósofo de salón Keyserlink la ha llamado, yoga y disciplinas análogas ya han desembocado reglamente en el arte de "curar con medios síquicos" con el método expeditivo para llegar a ser "hipnotizadores" y "caracteres dominantes" con el fin de prepararse el mejor camino para el éxito dentro del matrimonio, en los negocios, en la política y así por el estilo, el día de mañana ciertas fuerzas sutiles extranormales podrán hasta enterar en el uso corriente con el mismo título de las otras, enroladas dentro de "servicio social" o bien hechas siervas para el odio y para fines profanos de cada uno y de las masas. De esta manera se tendrá el digno consorte "masculino" para la "espiritualidad" mística, humanitaria, vegetariana, democrática y feminista del otro lado del océano.

"El hombre es algo que puede ser superado." El principio permanece verdadero, pero su significado sigue oculto en lo profundo de su ser y, como se ha visto, el destino trágico del solitario de Sils-Maria lo sella con una silenciosa advertencia para los pocos que aún pueden entenderlo. En cuanto a los demás...

Leer obras "espiritualistas", frecuentar círculos de teosofía, meditar sobre el "huésped desconocido" maeterlinkiano, hacer los buenos veinte minutos diarios de concentración plenos de una fe conmovedora por la reencarnación que permitirá a cada alma continuar la "evolución" a través de una nueva existencia, donde recogerá los frutos del buen karma humanitario acumulado, esto es en verdad un régimen bien cómodo de "superación". La doctrina cristiana originaria, por la que se vive una sola vez y en esta única vida se decide toda suerte, hasta aquella de una eterna salvación o de una eterna condenación, y la que no justifica la vida presente sin una referencia constante a "Dios", suenan ya como una saludable diana en contra de semejantes sueños de mediocridad, de ilusión y de languidez "espiritualista". Y sin embargo, aquí no se trata todavía más que de "religión" y por lo demás, quedándonos en el ámbito de ella, como simple término de comparación, ¿cuántos espiritualistas de hoy están dispuestos a dejar la vida secular por la clausura y por los votos monásticos?

Así, de frente a exposiciones sobre la iniciación y la "magia" no es necesario hacerse ilusiones; que nos sirvan como camino a la cumbre, como puntos liminales de referencia, para fijar bien las distancias, y no como instrumentos de adulación y de vanidad; que junto con tales enseñanzas se tenga siempre presente, aquellas otras, donde vale la prohibición del oculto, y el dicho: "No se puede ver a Dios sin antes morir" y para aquel que "ha sido mordido por la serpiente del mundo espiritual": le fue dado por insidia del maldito. Si existe un derecho de pedir, más allá de ésta, una verdad más elevada, un derecho así es medido inexorablemente por la capacidad de una conversión, una transfiguración, de una separación y de una superación absoluta. Es un derecho aristocrático. El solo derecho que la plebe no podrá usurpar jamás, ni hoy, ni en cualquier otra época del mundo.

Conclusión

Al llegar al término de estas notas críticas, muchos se sentirán tal vez desorientados, desilusionados en su deseo de una verdad confortante y de una vía fácil, después de las sugerencias ofrecidas por tantas sectas y movimientos. Es posible que se sientan incluso perturbados debido a las doctrinas que nos hemos visto obligados a tomar de aquí y de ahí y a darlas a conocer, con el fin de poner en claro varias cosas. En efecto, esas doctrinas con frecuencia pueden tener la parte del aguafiestas en las confrontaciones tanto de los espiritualistas sectarios cuanto de sus críticas, por lo cual no pensamos en atraer las simpatías ni de unos ni de otros. Es esto lo que notoriamente sucede cuando alguien se propone seguir tan sólo el punto de vista de la verdad, olvidándose de los factores sentimentales e irracionales, en cuestiones a las cuales se ligan fuertes tensiones internas.

Quien se lamentara por el hecho de no haber tenido suficientes puntos de referencia positivos debería considerar la naturaleza de las regiones en las que hemos tenido que movemos. Para decir algo que valiera como "positivo" para la mayoría deberíamos haber considerado solamente los valores que se aplican al campo de lo visible y de lo normal, en el sentido convenido de estos términos, a la zona cerrada, ya sea a las influencias "inferiores" que afloran en las evocaciones espiritualistas, ya sea al otro dominio, al de las posibilidades iniciáticas y de las disciplinas de alta ascética contemplativo, reservado a muy pocas personas.

Deberíamos haber hablado de la simple personalidad, en s forma humana, y decir de eso que puede fortificarla en relación al estado actual de la civilización. Se debería haber afrontado, entonces, esencialmente, el problema de la *visión del mundo*, porque éste es el principio de todo. También en el orden de un espiritualismo que esté bien orientado en sí mismo, es un grave error el creer que se pueda alcanzar algo serio por medio de prácticas aisladas, sin haber cambiado antes y radicalmente el modo de sentirse a sí mismo, a los otros, el mundo, y haber cambiado también, por consecuencia, nuestro modo de reaccionar. En este campo se ha escrito mucho, desde cuando se comenzó a hablar de la crisis de la civilización moderna, pero casi siempre sin algún principio firme. En verdad, existe un solo camino para la defensa de la personalidad y éste es *la torna, una vez más, de la visión tradicional del mundo y de la vida, unida a una "rebelión interna contra el mundo moderno"*. En nuestra obra que lleva precisamente este título, nosotros hemos ya proporcionado todo lo que podíamos ofrecer en esta dirección, sin entrar en detalles propios de los especialistas.

Pero en el presente libro nuestra tarea era diversa. Se trataba aquí esencialmente de dar el sentido preciso a las dos direcciones, una hacia el subpersonal y la otra hacia lo superpersonal Ésta es efectivamente la condición imprescindible para poderse orientar de frente al espiritualismo contemporáneo, para poder acertar en aquello que es una *Máscara* y aquello que es su *Rostro*; para poder superar, por una parte, los prejuicios filisteos, y por otra, las adulaciones de tantas presuntas "revelaciones" que se suceden día con día.

Desde un principio hemos reconocido que se impone ya una ampliación de horizontes. El insistir en prejuicios y limitaciones que todavía ayer podían tener su razón pragmática de ser, hoy en día no es prudente, tal vez es hasta peligroso: por contraste pueden producir el efecto opuesto, como la misma experiencia lo ha demostrado. Dígase todo esto especialmente a aquellos que defienden una tradición religiosa en sentido restringido, habitual, devocional y conformista. Ellos, repetimos, deberían entender que ha llegado el momento de despertar si quieren estar a la altura del deber que les incumbe en vía de principio. Y como tradición se entiende, de nuevo, algo mucho más vasto y universal, algo mucho menos "humano" de todo lo que conocen y afirman. Y esto es posible sin producir ninguna confusión, sin debilitar sus posiciones sino, más bien, reforzándolas. Guénon, en sus referencias al catolicismo, ha puesto en claro este punto.

No sólo en este campo, sino también en todos los demás examinados con ocasión de las precedentes consideraciones críticas, los horizontes se han ampliado. Es, más bien, una empresa precisa de quien tiene los ojos abiertos para prevenir activa y oportunamente todo aquello que puede suceder en este sentido por obra de fuerzas incontrolables. Pero entonces se impone una prueba para el hombre moderno: *la de saber desear el límite que define y sostiene el sentido de sí mismo de frente a estos horizontes ampliados; la de saber cerrar con calma tantas puertasque, por obra y gracia de Lucifer, se entrecierran, o podrán entrecerrarse encima de él y por abajo de* él. Repitámoslo una vez más: en la mayoría de los casos la personalidad no es un dato sino una *empresa*. Hoy, época caracterizada por la tendencia irracional y demoniaca colectiva, son demasiadas las fuerzas contra las cuales es necesario combatir y resistir a fin de acercarse a tal empresa y mostrar un carácter y una línea, para que además se añadan los peligros de la "espiritualidad".

Lo "espiritual" debe valer hoy como un conocimiento, no como una tentación. Esto debe servir para poner en su lugar las pretensiones de todo lo que es ciencia y cientificismo, igualmente para hacer relativa la importancia de muchos valores de la civilización humanista, para remover ideas fijas y deformaciones mentales establecidas en la parte interna de muchas disciplinas y así enriquecer sus posibilidades de desarrollo. Lo "espiritual" debe damos también el modo de volver a tomar posesión de partes preciosas de un patrimonio olvidado y desconocido; es decir, debe damos la posibilidad de leer a través en los símbolos y los mitos de las grandes tradiciones del pasado, lo cual equivale al despertar una vez más los nuevos sentidos espirituales. Lo verdaderamente "espiritual" se debería llegar a sentir como una realidad presente, no excepcional sino natural, no milagrosa o sensacional sino evidente dentro de los límites de una sensación del mundo más vasta, más libre, más completa. Esto no importa qué distancia, en cuanto verdaderamente "sobrenatural", se encuentre respecto del hombre. Lo que importa es la claridad y la naturaleza del conocimiento. Alcanzar tanto sería ya mucho. Y sin embargo, no sería nada más que una vuelta a la normalidad. En la medida en que el nuevo espiritualismo propiciara verdaderamente un trastorno del género, por lo mismo que de engañoso se ha traicionado detrás de varias de sus formas, valdría el dicho goethiano sobre quien hace el bien a pesar de querer el mal. Para propiciar esta transformación el único medio es tener bien en vista las enseñanzas tradicionales que hacen las veces de contraparte rectificadora e integradora de las idear difundidas actualmente del espiritualismo, comprendidas las de la seudociencia del "inconsciente".

Hace poco hablamos sobre la función protectora de la concepción tradicional del mundo única en su esencia, es decir, en sus valores y en sus categorías fundamentales, esta visión, sin embargo, admite varias fórmulas y varias expresiones. De ahí que se nos pueda preguntar cuál de estas fórmulas puede ser una ayuda al hombre de hoy, cuando por dilatados horizontes vaya a considerar las c~ supremas. Tal vez la mayoría pensará que la ayuda más eficaz es la cristiana. Nosotros no somos de esta opinión. Una fórmula del género para el hombre medio de hoy o es demasiado o es demasiado poco. Es demasiado poco si, se toma al cristianismo debilitado, confesional y socializante como ya se ha dicho; es demasiado si se le toma en proporción con la dirección trágica y desesperada del espíritu, de la cual igualmente se ha hablado, dirección que hoy, o no se sentiría o conduciría a desequilibrios peligrosos. Se subraya expresamente que aquí se trata no de elementos doctrinales o de teología, sino precisamente de lo que una determinada fórmula puede proporcionar para una adecuada y complexiva visión de la vida.

Es costumbre poner de relieve lo que el catolicismo presenta para una defensa de la persona. Y, de acuerdo con lo que ya se ha dicho, nosotros mismos hemos tenido la ocasión de hacer aquí y allá reconocimientos a este propósito. Sin embargo se trata de valores que el catolicismo no ha vuelto a tomar del cristianismo puro de sus orígenes, caracterizado por un *pathos* (sentimiento) desesperado de redención y de salvación unido a toda suerte de sugestiones y de complejos emocionales y que son atestiguados por la mejor corriente de la *tradición clásica*. Y se plantea el problema de si tales valores, aquellos elementos de visión de la vida, no sean más aptos y eficaces para la empresa señalada antes, hasta que sean liberados de las superestructuras de la fe y del dogma y reformuladas con mayor apego a su tronco original. Nosotros pensamos que éste es precisamente el caso; es decir, que de la concepción clásica de la vida puedan sacarse elementos más simples, más claros, más neutrales y exentos de "tendencias" que el hombre moderno puede apropiarse con el objeto de renovar y ampliar su mentalidad. Esto puede suceder en vía autónoma, sin relación con una determinada confesión religiosa, o con determinadas teorías o filosofías.

Dentro de la visión clásica de la vida, "demonios" y "diosa" tenían su lugar, es decir, el mundo era considerado en su totalidad comprendiendo ya sea lo infranatural, ya sea lo sobrenatural en el sentido indicado al principio del presente libro. Al mismo tiempo, tal vez como en ninguna otra civilización, estaba vivo el sentido de la personalidad como fuerza, forma, principio, valor, empresa. Ella conocía lo invisible, pero en su centro celebraba el ideal de la "cultura" es decir, de la formación espiritual, de la enucleación casi de vivas y realizadas obras de arte. Un concepto tenía, como es obvio, una parte del primer plano en la ética clásica, o sea la del "límite", que nos lleva precisamente a lo que dijimos hace poco, a la exigencia fundamental de circunscribir activa y conscientemente el ámbito en el que se puede ser de modo verdadero uno mismo y realizar un "equilibrio" y una "perfección parcial", alejando las adulaciones de las vías románticas y místico-estáticas hacia lo que no tiene forma y es ilimitado. Es así como también respecto a las cosas supremas se pudo mantener una tranquilidad apolínea para ver tales cosas. Si el hombre clásico no se hizo ilusiones "espirituales", si él, pues, conoció el doble destino, el camino del Hades y el camino hacia la "Isla de los Héroes", así como la ley del mundo inferior, el eterno "ciclo de la generación", al mismo tiempo conoció aquella serenidad, en la cual el más allá no creaba ningún vértigo y el "hecho" no producía ninguna angustia; conoció la íntima capacidad del alma que remedia la insaciable sed de las "cosas que huyen", y en virtud de las que también, quien, como Epícuro afirmaba: "Una sola vez se nace y no se vuelve a existir nunca más" y rechazaba la idea de los dioses que cuidan a los hombres; Alejándose, podía decir: "lamentar nada que falte a una vida perfecta".

En esencia, es precisamente esta especie de claro y sereno heroísmo unido a un dominio de sí mismo, al equilibrio y a la "neutralidad" en el sentido indicado al hablar de Kremmerz, que hoy necesita la vida -de la mayoría para evitar que nuevos conocimientos actúen en forma negativa. Es como saber sostenerse sin apoyo, pero con los ojos abiertos y el ánimo libre del vínculo de la protervia "superhumanista"- saber mirar las distancias, pero sin vértigo; saber formar parte, íntimamente, de una actividad libre, sin las zozobras de la esperanza y del temor y la angustia que infunden las distintas "filosofías de las crisis" existencialistas que están de moda; saber amar por propia convicción la disciplina y el límite, sin olvidar nunca la dignidad de frente a la cual somos responsables e inexcusables, hasta que una superior, austera vocación en cualquiera, sepa recoger todo poder, hasta sus raíces más profundas y más recónditas de la vida por el arrojo que puede llevar más allá de la condición humana.

Otros libros

"En el islamismo, la tradición es de doble esencia, religiosa y metafísica"

Se las compara frecuentemente a la "corteza" y al "núcleo" (el-qishr wa el-lobb)

"En el islamismo, la tradición es de doble esencia, religiosa y metafísica"

Se las compara frecuentemente a la "corteza" y al "núcleo" (el-qishr wa el-lobb)

«A menudo nos concentramos en los errores y confusiones que se hacen sobre la iniciación...»

Somos conscientes del grado de degeneración al que ha llegado el Occidente moderno ...

OMNIA VERITAS LTD PRESENTA:

RENÉ GUÉNON
APRECIACIONES SOBRE EL ESOTERISMO CRISTIANO

« Este cambio convirtió al cristianismo en una religión en el verdadero sentido de la palabra y una forma tradicional ... »

Las verdades esotéricas estaban fuera del alcance del mayor número...

Omnia Veritas Ltd presenta:

RENÉ GUÉNON
AUTORIDAD ESPIRITUAL Y PODER TEMPORAL

"La distinción de las castas constituye, en la especie humana, una verdadera clasificación natural a la cual debe corresponder la repartición de las funciones sociales."

La igualdad no existe en realidad en ninguna parte

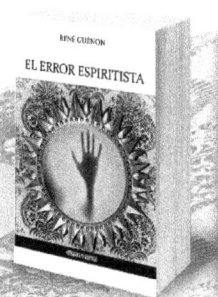

Omnia Veritas Ltd presenta:

RENÉ GUÉNON
EL ERROR ESPIRITISTA

En nuestra época hay muchas otras "contraverdades" que es bueno combatir...

Entre todas las doctrinas "neoespiritualistas", el espiritismo es ciertamente la más extendida

« Dante indica de una manera muy explícita que hay en su obra un sentido oculto, propiamente doctrinal, del que el sentido exterior y aparente no es más que un velo »

... y que debe ser buscado por aquellos que son capaces de penetrarle

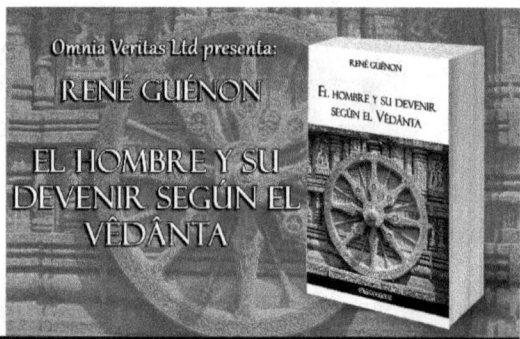

"Cuando consideramos lo que es la filosofía en los tiempos modernos, no podemos impedirnos pensar que su ausencia en una civilización no tiene nada de particularmente lamentable."

El Vêdânta no es ni una filosofía, ni una religión

OMNIA VERITAS LTD PRESENTA:

RENÉ GUÉNON

EL REINO DE LA CANTIDAD Y LOS SIGNOS DE LOS TIEMPOS

« Porque todo lo que existe de alguna manera, incluso el error, necesariamente tiene su razón de ser »

... y el desorden en sí mismo debe encontrar su lugar entre los elementos del orden universal

OMNIA VERITAS LTD PRESENTA:

RENÉ GUÉNON

ESTUDIOS SOBRE EL HINDUÍSMO

"Considerando la contemplación y la acción como complementarias, nos emplazamos en un punto de vista ya más profundo y más verdadero"

... la doble actividad, interior y exterior, de un solo y mismo ser

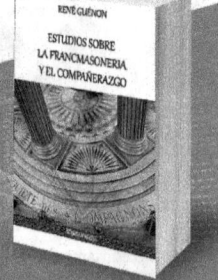

Omnia Veritas Ltd presenta:

RENÉ GUÉNON

ESTUDIOS SOBRE LA FRANCMASONERIA Y EL COMPAÑERAZGO

«Entre los símbolos usados en la Edad Media, además de aquellos de los cuales los Masones modernos han conservado el recuerdo aun no comprendiendo ya apenas su significado, hay muchos otros de los que ellos no tienen la menor idea.»

la distinción entre "Masonería operativa" y "Masonería especulativa"

OMNIA VERITAS LTD PRESENTA:

RENÉ GUÉNON

FORMAS TRADICIONALES Y CICLOS CÓSMICOS

« Los artículos reunidos en el presente libro representan el aspecto más "original" de la obra de René Guénon.»

Fragmentos de una historia desconocida

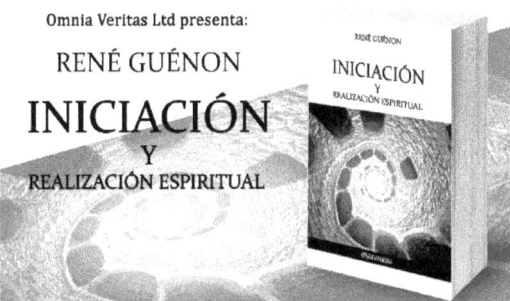

«En todo ternario tradicional, cualesquiera que sea, se quiere encontrar un equivalente más o menos exacto de la Trinidad cristiana»

se trata muy evidentemente de un conjunto de tres aspectos divinos

« La metafísica pura, al estar por esencia fuera y más allá de todas las formas y de todas las contingencias »

no es ni oriental ni occidental, es universal

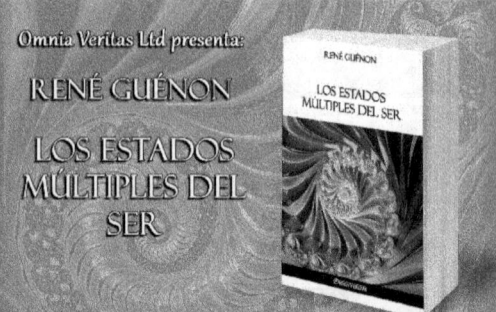

«Según la significación etimológica del término que le designa, el Infinito es lo que no tiene límites»

La noción del Infinito metafísico en sus relaciones con la Posibilidad universal

OMNIA VERITAS LTD PRESENTA:

RENÉ GUÉNON

LOS PRINCIPIOS DEL CÁLCULO INFINITESIMAL

«... nos ha parecido útil emprender este estudio para precisar algunas nociones del simbolismo matemático»

Esa ausencia de principios que caracteriza a las ciencias profanas

OMNIA VERITAS LTD PRESENTA:

RENÉ GUÉNON

MISCELÁNEA

"Hay cierto número de problemas que constantemente han preocupado a los hombres, pero quizás ninguno ha parecido generalmente tan difícil de resolver como el del origen del Mal"

Este dilema es insoluble para aquellos que consideran la Creación como la obra directa de Dios

Omnia Veritas Ltd presenta:

RENÉ GUÉNON

ORIENTE Y OCCIDENTE

«La civilización occidental moderna aparece en la historia como una verdadera anomalía...»

Esta civilización es la única que se ha desarrollado en un aspecto puramente material

«Esa copa sustituye al Corazón de Cristo como receptáculo de su sangre. ¿Y no es más notable aún, en tales condiciones, que el vaso haya sido ya antiguamente un emblema del corazón?»

OMNIA VERITAS LTD PRESENTA:
RENÉ GUÉNON
ESCRITOS PARA REGNABIT

El Santo Grial es la copa que contiene la preciosa Sangre de Cristo

«Este desarrollo material ha sido acompañado de una regresión intelectual, que ese desarrollo es harto incapaz de compensar»

OMNIA VERITAS LTD PRESENTA:
RENÉ GUÉNON
SÍMBOLOS DE LA CIENCIA SAGRADA

¿Qué importa la verdad en un mundo cuyas aspiraciones son únicamente materiales y sentimentales?

Omnia Veritas Ltd presenta:

HISTORIA PROSCRITA
I
LOS BANQUEROS Y LAS REVOLUCIONES

POR

VICTORIA FORNER

Los procesos revolucionarios necesitan agentes, organización y, sobre todo, financiación, dinero.

LAS COSAS NO SON A VECES LO QUE APARENTAN...

Rostro y máscara del espiritualismo contemporáneo

OMNIA VERITAS

"El verdadero crimen es acabar una guerra con el fin de hacer inevitable la próxima."

Omnia Veritas Ltd presenta:

HISTORIA PROSCRITA II
LA HISTORIA SILENCIADA DE ENTREGUERRAS
POR
VICTORIA FORNER

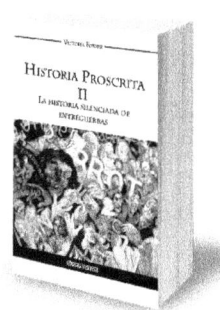

EL TRATADO DE VERSALLES FUE "UN DICTADO DE ODIO Y DE LATROCINIO"

OMNIA VERITAS

Distintas fuerzas trabajaban para la guerra en los países europeos

Omnia Veritas Ltd presenta:

HISTORIA PROSCRITA III
LA II GUERRA MUNDIAL Y LA POSGUERRA
POR
VICTORIA FORNER

MUCHOS AGENTES SERVÍAN INTERESES DE UN PARTIDO BELICISTA TRANSNACIONAL

OMNIA VERITAS

Nunca en la historia de la humanidad se había producido una circunstancia como la que estudiaremos...

Omnia Veritas Ltd presenta:

HISTORIA PROSCRITA IV
HOLOCAUSTO JUDÍO, NUEVO DOGMA DE FE PARA LA HUMANIDAD
POR
VICTORIA FORNER

UN HECHO HISTÓRICO SE HA CONVERTIDO EN DOGMA DE FE

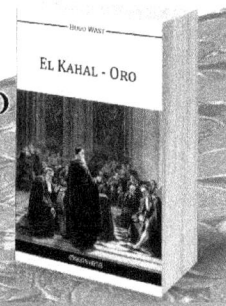

Omnia Veritas Ltd presenta:

EL KAHAL - ORO
de HUGO WAST

Nuestros judíos no creen, seguramente, en el Mesías, pero sí en la misión mesiánica de Israel...

Porque dos naciones no pueden coexistir en la misma nación...

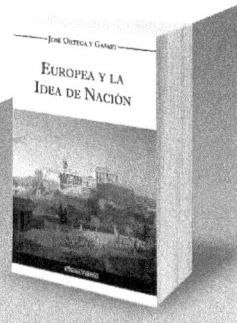

Omnia Veritas Ltd presenta:

EUROPEA Y LA IDEA DE NACIÓN
seguido de
HISTORIA COMO SISTEMA
por
JOSÉ ORTEGA Y GASSET

Pero la nación europea llegó a ser "nación" porque añadiera formas de vida que pretenden representar una "manera de ser hombre"

Un programa de vida hacia el futuro

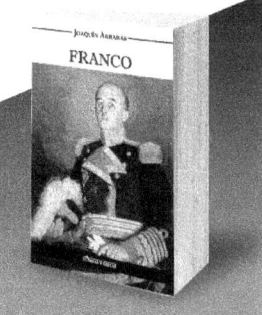

Omnia Veritas Ltd presenta:

FRANCO
por
JOAQUÍN ARRARÁS

"La alegría del alma está en la acción." De Marruecos sube un estruendo bélico, que pasa como un trueno sobre España.

Caudillo de la nueva Reconquista, Señor de España

OMNIA VERITAS

Omnia Veritas Ltd presente:

LA GUERRA OCULTA
de
Emmanuel Malynski

En esencia, *La Guerra Oculta* es una metafísica de la historia, es la concepción de la perenne **lucha entre dos opuestos** órdenes de fuerzas...

La Guerra Oculta es un libro que ha sido calificado de "maldito"

El análisis más anticonformista de los hechos históricos

OMNIA VERITAS

OMNIA VERITAS LTD PRESENTA:

IMPERIUM

LA FILOSOFÍA DE LA HISTORIA Y DE LA POLÍTICA

POR

FRANCIS PARKER YOCKEY

La palabra Europa cambia su significado: de ahora significará la Civilización Occidental; la unidad orgánica que creó, como fases de su vida las naciones-ideas de España, Italia, Francia, Inglaterra y Alemania.

Este libro es diferente de todos los demás

OMNIA VERITAS

Omnia Veritas Ltd presenta:

JUANA TABOR
666

de **HUGO WAST**

El culto de Satanás había tenido desde el siglo XIX apasionados adeptos...

y para hacerla más accesible, hizo de ella una contrafigura de la Ley de Dios.

Rostro y máscara del espiritualismo contemporáneo

OMNIA VERITAS

La religión **judía** está basada en un equívoco... El judío moderno ya no es **mosaico**, es **talmudista**. Y entre el **Evangelio** y el **Talmud** existe un antagonismo irreductible...

Omnia Veritas Ltd presente:

El Judaísmo y la Cristiandad
de Léon de Poncins

La ruptura entre el Antiguo y el Nuevo Testamento

OMNIA VERITAS

Los siglos de raíces y la agenda oculta del sionismo revelado

Omnia Veritas Ltd presenta:

LA CONTROVERSIA DE SIÓN
de Douglas Reed

El libro-clave sin censura ya está disponible en español!

OMNIA VERITAS

Omnia Veritas Ltd presenta:

LOS SECRETOS DE LA RESERVA FEDERAL
LA CONEXIÓN LONDRES

La historia americana del vigésimo siglo ha grabado los logros asombrosos de los banqueros de la Reserva Federal

POR **EUSTACE MULLINS**

AQUÍ ESTÁN LOS HECHOS SIMPLES DE LA GRAN TRAICIÓN

www.omnia-veritas.com